1
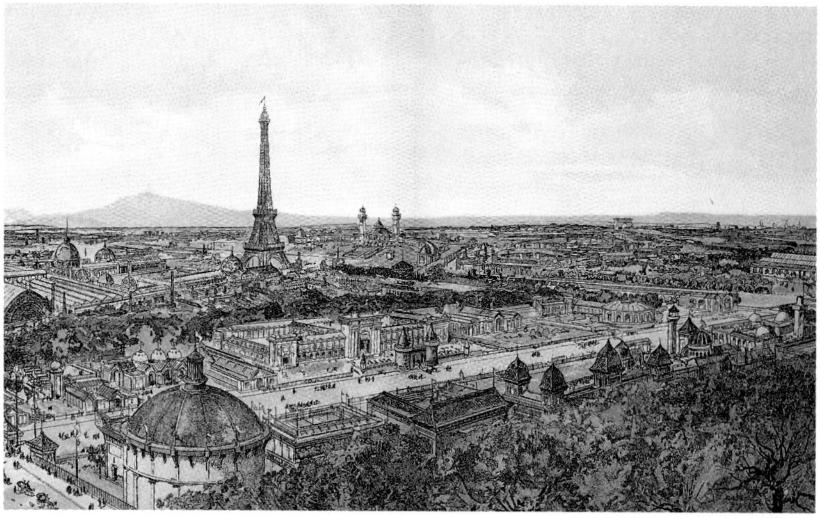

2
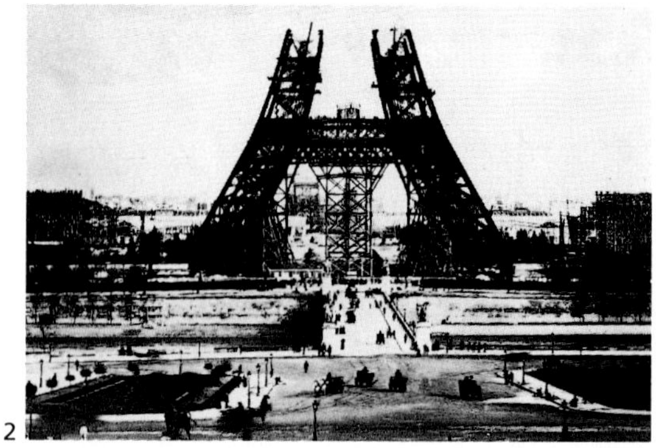

Der Wandel von der Agrar- zur Industriegesellschaft Mitte des 19. Jahrhunderts führt in Deutschland und den mitteleuropäischen Staaten zu einer Entwicklung, in deren Verlauf sich alle bisherigen Lebensformen und -verhältnisse rapide verändern. Eine bis dahin nicht gekannte Landflucht setzt ein, erstmals in der Menschheitsgeschichte lebt nur noch eine Minderheit auf dem Land. Die Großstadt ist neuer Lebensraum für Tausende von Menschen, die hier Arbeit suchen. Der voranschreitende Prozess der Industrialisierung lässt eine neue Kluft zwischen Arm und Reich mit folgenreichen Sozialproblemen entstehen. Riesige Stadt- und Industrielandschaften drängen die natürliche Umwelt zurück und verschmutzen sie.

Die frisch gebackenen Städter mussten sich in unübersichtlichen und anonymen Raumstrukturen zurechtfinden. Das Netzwerk von Verkehrssystemen und von Versorgungs- und Entsorgungseinrichtungen konnte nur durch den Einsatz umfangreicher Planungs- und Verwaltungsinstanzen konstruiert und in Gang gehalten werden. So wurde die Großstadt zur zweiten Natur, zum zugleich gefeierten und dämonisierten künstlichen Lebensraum.

(Funkkolleg Jahrhundertwende, 1988)

4.1 Weltausstellungsgelände

4.2 Bau des Eiffelturms, 1888

4.3 Erste elektrische Straßenbahn mit Oberleitung nach Spandau, 1882

Seit der Jahrhundertmitte dokumentieren die Weltausstellungen, die in periodischen Abständen stattfinden, den unaufhaltsamen Fortschritt in Wissenschaft und Technik. Es sind „Leistungsschauen", bei denen die beteiligten Länder ihre Leistungsfähigkeit unter Beweis stellen und ihre Produkte der Öffentlichkeit präsentieren. Das bewunderte Wahrzeichen der Weltausstellung 1889 in Paris ist der Eiffelturm, eine ingenieurtechnische Meisterleistung, für die 200 Arbeiter in 2-jähriger Bauzeit 18 000 Einzelteile montierten.

Die Erfindung der Glühbirne durch Thomas Alva Edison, die er 1881 erstmals in Paris ausstellt, leitet den Siegeszug der Elektrizität ein. Nachfolgende Entwicklungen wie der Dynamo von Werner von Siemens schaffen die Voraussetzung für eine industrielle Nutzung der Elektrotechnik. Ende der 80er-Jahre werden die ersten elektrischen Straßenbahnen in Betrieb genommen. In kürzester Zeit entsteht eine riesige Elektroindustrie mit Hunderttausenden von Beschäftigten.

Seit Mitte des Jahrhunderts wird das Schienennetz ausgebaut. Die Eisenbahn ist neues Transportmittel für Güter und Menschen, der Bahnhof wird zum neuen Mittelpunkt der Großstadt.

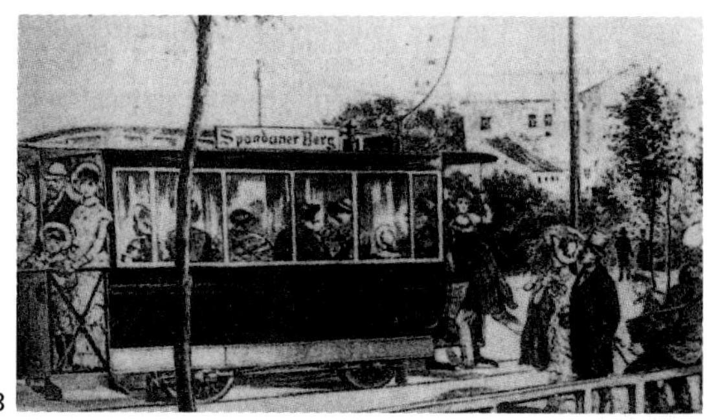

3

4.4 Mechanische Werkstatt einer E-Gesellschaft in Nürnberg

4.5 Bahnhof Friedrichstraße, Berlin, um 1905

4
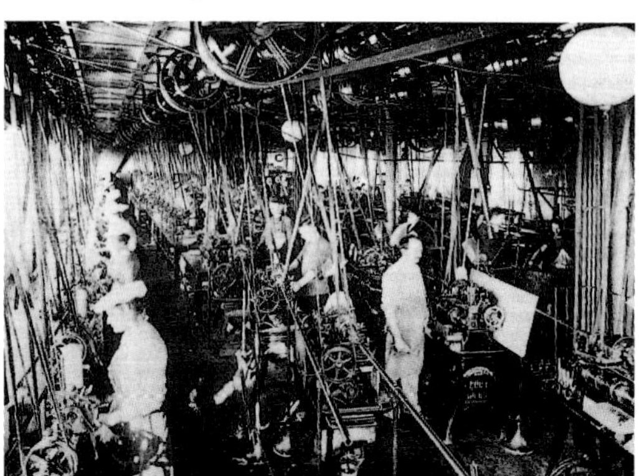

5
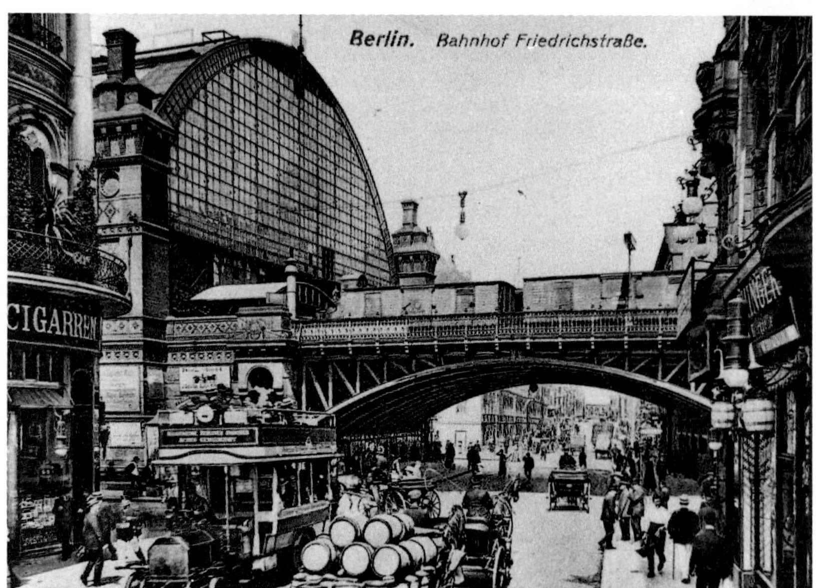

5.1 Reinhold Begas: Bismarck-Denkmal, 1901, Berlin

5.2 Werkhalle der Firma Krupp, 1912

5.3 Arbeiterwohnung in Berlin, 1904

5.4 Facharbeiterwohnung in Hannover, 1918

5.5 Käthe Kollwitz: Spendenpostkarte zur Linderung der Berliner Wohnungsnot

5.6 Krupp-Villa, Essen

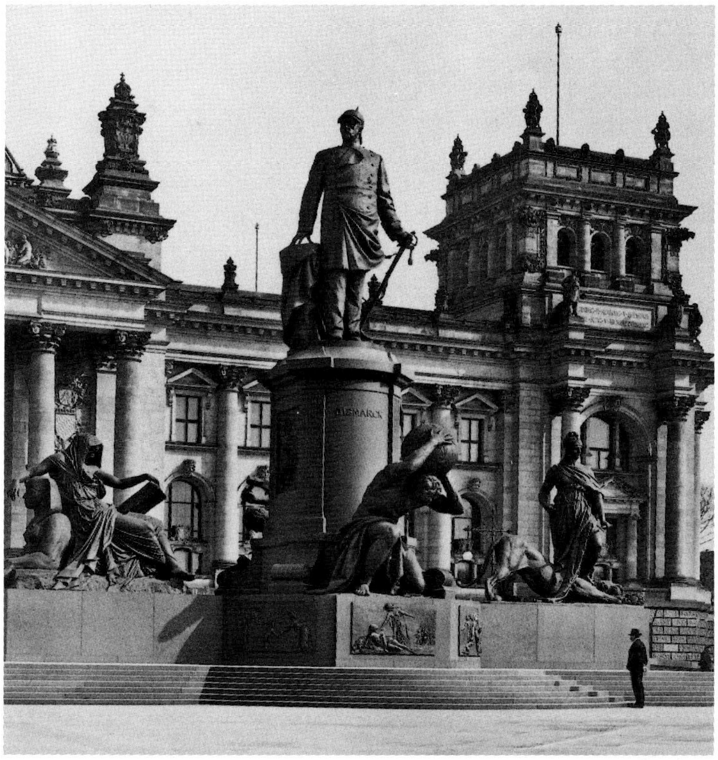

1

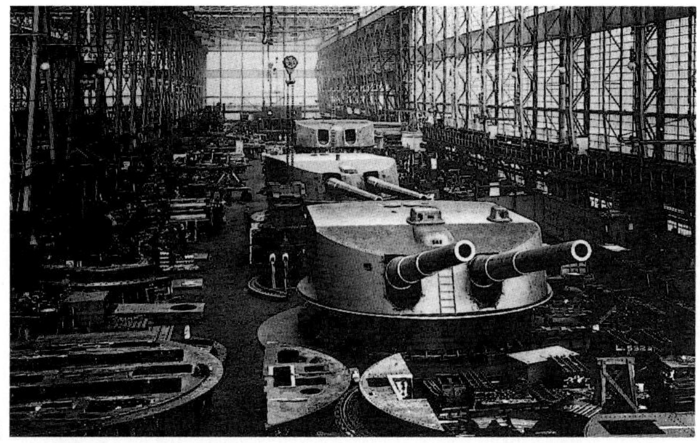

2

Den Hintergrund für das Bismarck-Denkmal bildet das 1894 fertig gestellte Reichstagsgebäude. Bismarck, der „Vater" der Reichsgründung, hatte fast 30 Jahre lang die deutsche und europäische Politik bestimmt. Der unter seiner Kanzlerschaft erstarkte Nationalismus wächst sich zunehmend in imperialistisches Geltungsstreben aus. Bezeichnend dafür ist der zu Beginn der 80er-Jahre unter fast allen europäischen Staaten entbrennende Wettstreit um Kolonien. Der „Platz an der Sonne" (Wilhelm II.) soll sowohl wirtschaftliche Vorteile sichern als auch das Selbstwertgefühl der Nation stärken.

Mit der Industrialisierung entstehen zwei Bevölkerungsgruppen, die es so vorher nicht gegeben hat: die lohnabhängigen Fabrikarbeiter und ein aufstrebendes, wirtschaftlich aktives Bürgertum. Mit zinsgünstigen Krediten hatte sich mancher Unternehmer eine Existenz aufgebaut und war zu Wohlstand gelangt. Während das Bürgertum zentral gelegene, geräumige Etagenwohnungen oder Villen im Grünen bewohnt, ballt sich in den Arbeitervierteln das Proletariat zusammen.

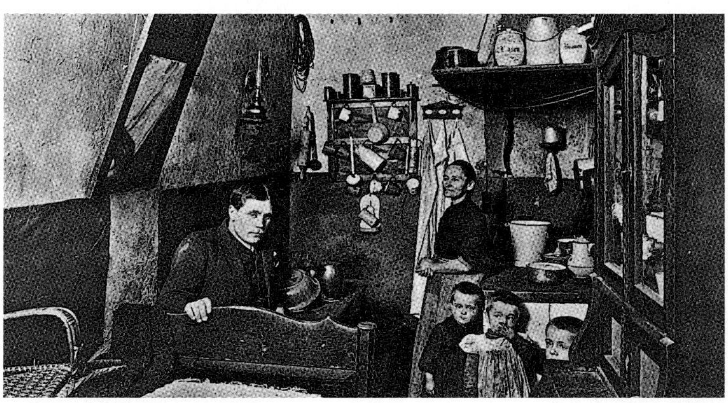

3

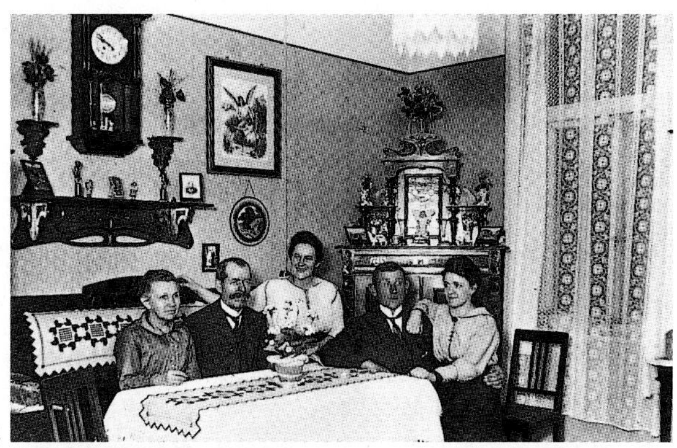

4

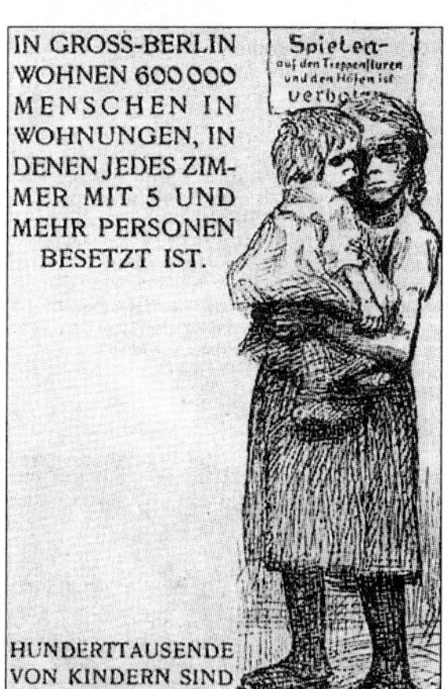

5

Bevölkerungswachstum und Abwanderung in die Stadt lässt die Nachfrage nach Wohnraum rasant ansteigen. Eine eigentümerfreundliche Baupolitk begünstigt zudem die Grundstücks- und Bodenspekulation. Bis zur Jahrhundertwende steigt beispielsweise in Berlin die Einwohnerzahl von ca. 906 000 (1870) auf mehr als 2,7 Mio. Menschen an. Es legen sich vier- bis fünfgeschossige Massenmietshäuser mit lichtlosen, engen Hinterhöfen gürtelartig um die Stadt. Das „steinerne" Berlin wird zur größten Mietskaserne der Welt, in der die arbeitende Bevölkerung oft unter den schlimmsten hygienischen und sozialen Bedingungen haust.

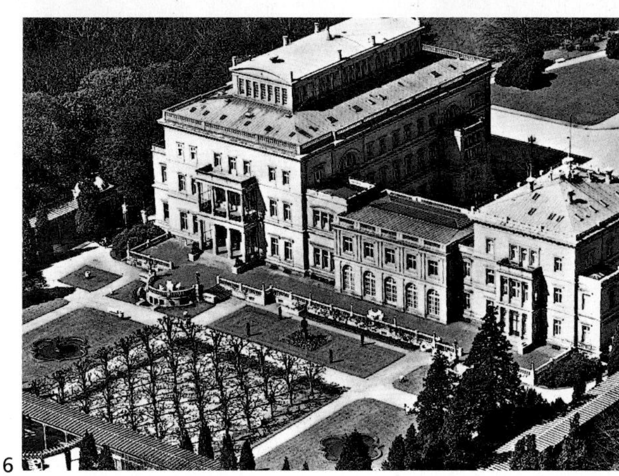

6

Die stürmische Entwicklung von Wissenschaft, Technik und Industrie hinterlässt bei den Menschen des ausgehenden 19. Jahrhunderts tiefen Eindruck. Auf der einen Seite glaubt man voller Zuversicht an den Fortschritt, an eine neue, immer besser beherrschbare Welt, die keine Seuchen, Hungersnöte oder Armut mehr kennt. Auf der anderen Seite fühlen sich viele überrannt von dem Ausmaß und der Geschwindigkeit der Umwälzungen und geraten in ein Gefühl der Orientierungslosigkeit. Befürchtungen kommen auf, dass die *„Entzauberung der Welt“* (Max Weber) unaufhaltsam fortschreitet.

6 Titelbild der Zeitschrift „Jugend“, 1900

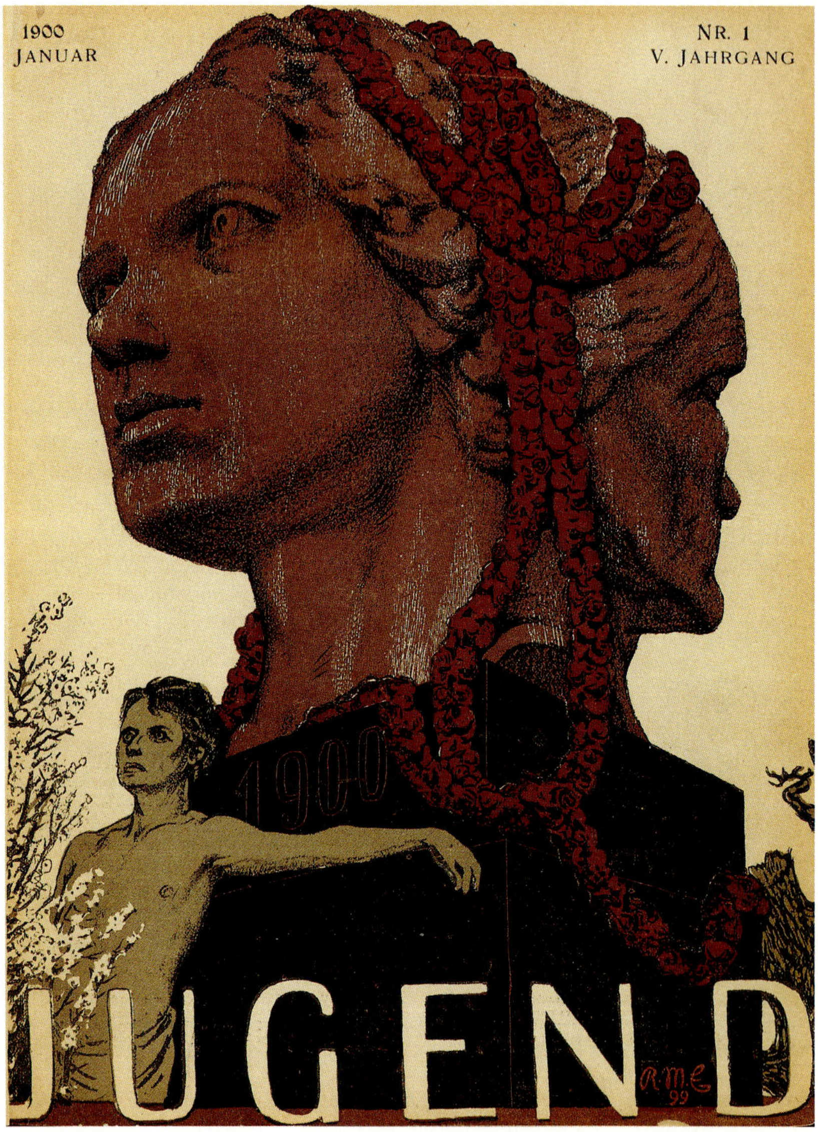

Rationale Wissenschaft schien alle „Welträtsel“ zu lösen. (...) Allerdings brachte der wissenschaftliche Fortschritt zugleich auch immer wieder neue Ungewissheiten. Die um 1900 erschienene „Traumdeutung“ von Sigmund Freud und die ebenfalls 1900 begründete Quantentheorie Max Plancks markieren genau jenen Umschlagspunkt, an dem die Wissenschaft ihr bisher so selbstbewusst gewachsenes rationalistisch-mechanistisches Theoriegebäude zweiflerisch, ja selbstzweiflerisch infrage stellte. (...)

(Funkkolleg Jahrhundertwende 1988)

Man schwankt zwischen Weltuntergangsstimmung und Fortschrittseuphorie. Das ausgehende 19. Jahrhundert zeigt, einem Januskopf vergleichbar, viele widersprüchliche Erscheinungen, ein Doppelgesicht, das sowohl in die Vergangenheit als auch in die Zukunft blickt (vgl. Bild 6).

Das Bildungssystem der Jahrhundertwende wird von vielen als reaktionär empfunden. Reformerische Ansätze zur Erneuerung von Schule und Erziehung (Reformpädagogik) setzen sich zum Ziel der anpassenden Aufnahmebereitschaft der Schüler entgegenzuwirken. Aus Protest gegen die starren bürgerlichen Lebens- und Sozialisationsformen in Familie, Schule, Armee und Kirche entsteht eine Jugendbewegung, die sich erstmals in der Gründung des „Berliner Wandervogels“ 1901 formiert. Ihre Mitglieder wenden sich gegen die Technisierung, gegen die Verelendung des Proletariats und die immer rascher fortschreitende Versteinerung der Städte und der Landschaft.

„Gott ist tot“ verkündet die Hauptfigur in Friedrich Nietzsches 1885 veröffentlichtem Roman: „Also sprach Zarathustra“. Dieser Kernsatz steht für den radikalen Bruch mit der Tradition der abendländischen Philosophie und Theologie. Gott ist nur das Produkt der Einbildung des Menschen. Wenn Gott tot ist, gibt es auch keine absolute Wahrheit mehr, sondern nur ein durch historische und individuelle Erfahrung bedingtes, subjektives Erkennen.

Die Kunst des ausgehenden 19. Jahrhunderts entwickelt sich im Spannungsfeld zweier Weltanschauungen, die unversöhnt nebeneinander bestehen: einer idealistischen, hinter die Oberfläche der Dinge dringenden Deutung der Welt der Träume, Visionen und Vorstellungen und einer zukunftsorientierten, realistischen Auseinandersetzung mit der materiellen Wirklichkeit.
Die Künstler des Symbolismus (vgl. S. 22ff.) und teilweise auch die des Jugendstils (vgl. S. 36ff.) schätzten das Unsichtbare höher ein als das Sichtbare. Das Erträumte, Rätselhafte, Unbewusste erschien ihnen bedeutungsvoller. Ihre Kunst entzog sich vorgegebenen, formulierbaren Funktionen (L'art pour l'art) und der beschreibenden Wiedergabe und verweist in Vergangenheitsdimensionen, ins Ursprungsdunkel der Erinnerungen, Symbole und Träume.
Die Impressionisten, ganz auf das Erleben des flüchtigen Augenblicks ausgerichtet, waren fasziniert vom lärmenden Treiben auf den Großstadtboulevards, von den Glas- und Stahlbauten der Ingenieure, vom Zauber der Vorstadtlandschaften.
Anstelle tradierter literarischer, religiöser und mythologischer Bildthemen und Motive, die der klassischen und romantischen Kunst noch als Inspirationsquelle dienten, wurde den Impressionisten die Art und Weise der künstlerischen Darstellung, die den Entstehungsprozess eines Werkes sichtbar werden lässt, wesentlich.
„Traum und Wirklichkeit“ der Kunst der Jahrhundertwende!

Synästhesien zeigen, dass unsere Wahrnehmung ein sehr komplexer, mehrdimensionaler Vorgang ist. Das Phänomen, musikalische Klänge optisch zu empfinden, Farben hören, riechen, fühlen, schmecken zu können, war vor allem ein Anliegen der Romantik.
So schreibt Clemens von Brentano von *„sprechenden Farben"* und von *„der Töne Licht"*, und sein Zeitgenosse, der Maler Philipp Otto Runge, fordert: *„ ... so muss in einer schönen Dichtung durch Worte Musik sein, wie auch Musik sein muss ... in einem schönen Gemälde."*
Auch die Beziehungen der Künste des ausgehenden 19. Jahrhunderts weisen in hohem Maße synästhetische Bezüge auf.
Charles Baudelaire, der französischer Lyriker, schreibt in seinem Gedicht „Correspondances" (vgl. S. 35): *„So antworten sich die Düfte, die Farben und die Klänge"* und der Schriftsteller Edgar Allen Poe äußerte: *„Das größte Lob, das man einem Dichter spenden kann, ist, dass er mit dem Ohr zu sehen scheint."*
Der anglo-amerikanische Maler James McNeill Whistler gab seinen Bildern aus der Musik entlehnte Titel wie „Nocturne in Blau und Silber" (Bild 7.2) oder „Symphonie in Weiß".
Richard Wagner, das *„synästhetische Genie des Jahrhunderts"* (Hofstätter) beeinflusste durch seine Idee vom „Gesamtkunstwerk", einer Synthese von Musik, Literatur und Bühnengestaltung, alle Künste seiner Zeit nachhaltig.

Die Berufung des Künstlers ist es, im Kunstwerk der Zukunft das fortgeschrittene durch die Wissenschaft errungene Bewusstsein sinnlich darzustellen und die entfremdete technische Wirklichkeit wieder in Natur zurückzuverwandeln.

(Richard Wagner)

Der von Wagners Musikdrama begeisterte Paul Gauguin schrieb 1889 in seinem Skizzenbuch über die Malerei: *„Wie die Musik, wirkt sie* (die Malerei) *durch Vermittlung der Sinne auf die Seele; die Farbtöne entsprechen den Klängen. In der Malerei erreicht man jedoch ein einheitliches Klangbild, das in der Musik unmöglich ist, wo die Akkorde nacheinander folgen."*

Eine dritte Synästhesie der Künste bildet sich zu Beginn des 20. Jahrhunderts in der Malerei, Musik und Dichtung des Expressionismus, Futurismus und Dadaismus heraus. Nie zuvor existierten so enge Beziehungen zwischen Malern und Musikern, beispielsweise in der fruchtbaren Zusammenarbeit zwischen Wassily Kandinsky und Arnold Schönberg.
Schon diese wenigen Beispiele verdeutlichen, dass viele Künstler die Fähigkeit besaßen und besitzen, Beziehungen zu anderen Künsten herzustellen. Die Begabung, Farben gleichzeitig mit einer Art „innerem Ohr" zu hören und Töne zu „sehen", ist vor allem bei Kindern noch häufig zu beobachten. Diese synästhetischen Begabungen verlieren sich, wenn sie nicht gefördert werden, mit zunehmendem Alter immer mehr.
Von einer synästhetischen Betrachtungsweise und einer wechselseitigen „Erhellung" der Künste versprach sich Paul Klee einen „gewandelten Kunstbetrachter".

Synästhesie
(griech. Mitempfindung)
Darunter versteht man das gleichzeitige Anklingen eines Sinneserlebnisses in einem anderen Sinnesgebiet, das heißt, *ein* Sinnesreiz ruft zwei qualitativ unterschiedliche Sinneseindrücke hervor, einen adäquaten und einen inadäquaten Reiz.
So kann es beim Tasten zu Geruchsempfindungen kommen, bei schrillen Tönen zu einem dumpfen Gefühl in den Zähnen oder zu einem Rieseln über den Rücken.
(Brockhaus)

Der Künstler ist nicht nur Maler oder Dichter oder Musiker, sondern alles zusammen. In seiner Seele wohnen verschiedene Künstler zusammen. Sein Schaffen beruht auf ihrem Zusammenwirken. An jedem seiner Gedanken sind alle mitbeteiligt. Der Unterschied besteht nur darin, dass bei dem einen dieser, bei dem anderen jener vorherrscht, und dass sie jedesmal die Sprache wählen, die ihnen am geläufigsten ist.
(Albert Schweitzer)

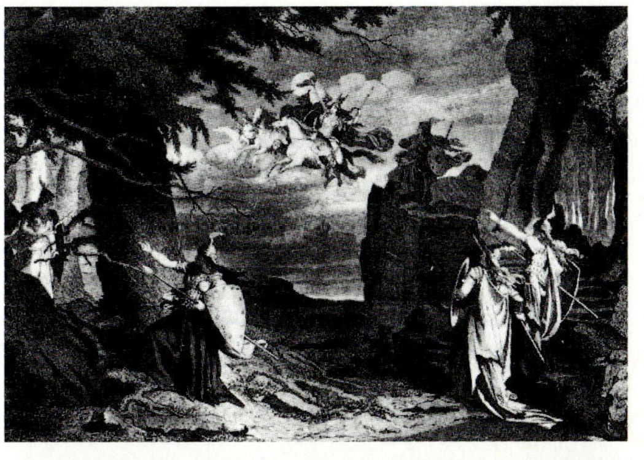
1

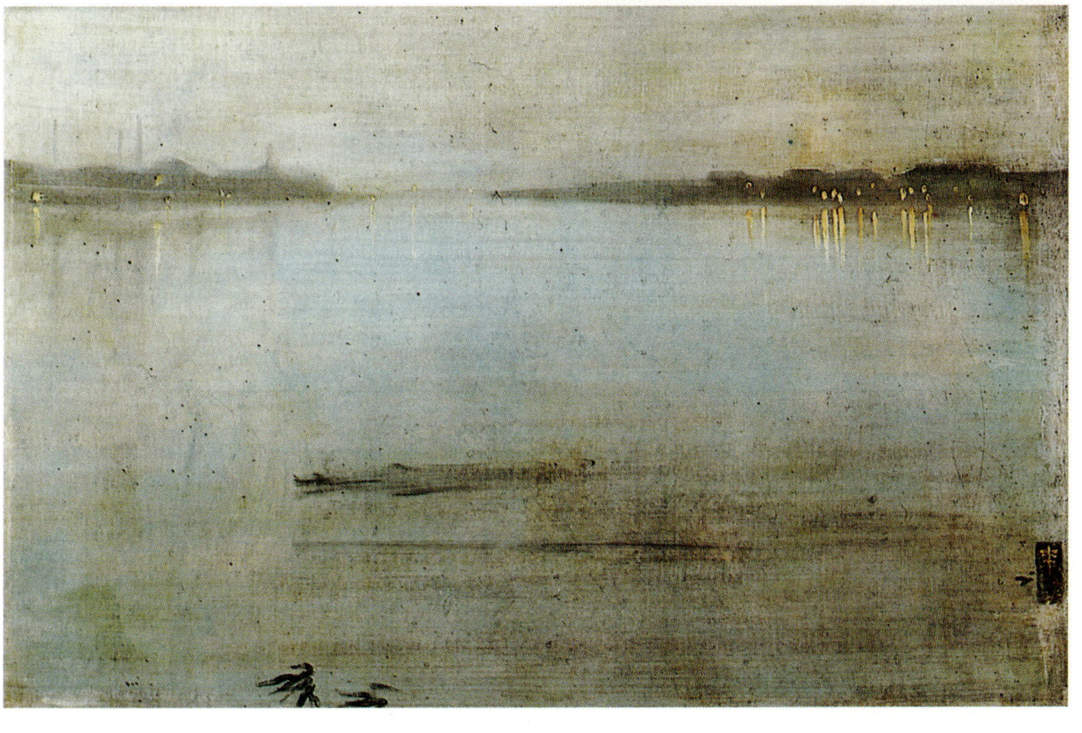
2

7.1 Walkürenritt, Szene aus Richard Wagners „Ring der Nibelungen", in den Kulissen und der Ausstattung einer Aufführung am Münchner Hoftheater. Holzstich. 70er-Jahre des 19. Jahrhunderts

7.2 James McNeill Whistler: Nocturne in Blau und Silber: Die Lichter von Cremorne, 1872. Öl auf Leinwand, 50,2 x 70,3 cm. Tate Gallery, London

Der Impressionismus hat mehr verwirklicht als einen technischen Fortschritt. Er hat auch eine moralische Stellung von hohem Wert eingenommen. (...) Der Impressionismus ist der vollkommenste Ausdruck des demokratischen Humanismus, jenes glücklichen Lebens, von dem man bis in die neueste Zeit glaubte, es wäre allen Menschen erreichbar.
(Clark, in Blunden 1975)

Der 15. April 1874 gilt als die Geburtsstunde des französischen Impressionismus. Achtzehn Maler stellten im ehemaligen Atelier des Fotografen Nadar am Boulevard des Capucines in Paris 230 Gemälde aus, mit denen sie Position gegen den herrschenden konservativen Geschmack der Pariser Salons bezogen. Die breite Öffentlichkeit reagierte schockiert und die Presse sah sich veranlasst, bissigste Artikel zu schreiben. Monets Gemälde „Impression, soleil levant" (8.1) inspirierte Louis Leroy von der Zeitschrift „Le Charivari" zu der Überschrift: „Ausstellung der Impressionisten", die der Kunstrichtung ihren Namen gab.
Impression ... das war zu vermuten. Ich sagte mir auch, dass, wenn ich „beeindruckt" werden kann, etwas daran sein muss, was einem Eindruck ähnlich ist. (...) Und welche Freiheit, welche Leichtigkeit der Ausführung! Eine Tapete im embryonalen Zustand ist besser ausgearbeitet als dieses Seestück!

1
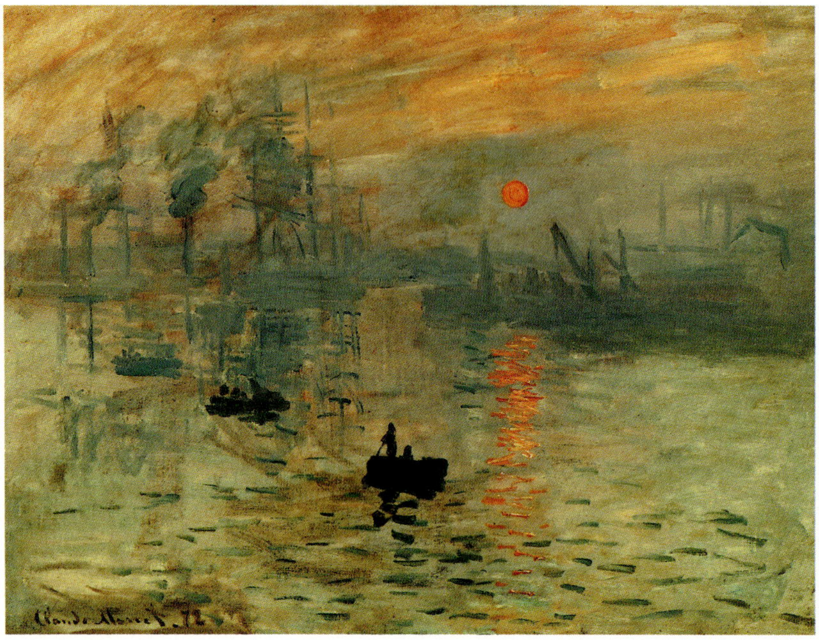

8.1 Claude Monet: Impression, soleil levant, 1872. Öl auf Leinwand, 47 x 64 cm, Musée Marmottan, Paris

8.2 Berthe Morisot: Sommer, um 1878. Öl auf Leinwand, 76 x 61 cm. Musée Fabre, Montpellier

In anderen Zeitschriften war zu lesen:
Monet, Pissarro und Fräulein Morisot scheinen der Schönheit den Krieg erklärt zu haben (...) Verbitterte, ressentimentgeladene Stümper, denen jede Anerkennung versagt blieb. Der Großteil ihrer Bilder würde Buspferde scheu machen. Die Brutalität ihrer Pinselführung, ihre aberwitzige Malweise und ihre hirnverbrannten Ideen können einen wirklich aus der Fassung bringen.

Nach der zweiten Ausstellung der Impressionisten in Paris im Jahr 1876 wurde die Kritik noch bösartiger. Der „Figaro" wütete:
Neues Unheil ist über die Rue Peletier hereingebrochen ... Fünf oder sechs Verrückte, darunter eine Frau, haben, von Ehrgeiz verblendet, hier ihre Werke ausgestellt. Viele Besucher bekommen vor diesen Machwerken Lachkrämpfe. Mir zieht es bei ihrem Anblick das Herz zusammen. Diese sogenannten Künstler bezeichnen sich als Umstürzler und Impressionisten! Sie nehmen Leinwand, Farbe, Pinsel, setzen, je nach Lust und Laune, einige Töne nebeneinander und glauben, sie hätten schon etwas Großes geleistet. Das Ganze erinnert an Ville Evrard (Name einer Heilanstalt für Geisteskranke)*, wo die verwirrten Patienten Steine aufheben und sich einbilden, sie hätten Diamanten gefunden.*
Grausige Beispiele menschlicher Eitelkeit, die in Wahnsinn ausgeartet ist. Wie soll man Pissarro erklären, dass Bäume nicht violett sind und der Himmel nicht die Farbe frischer Butter hat, dass die von ihm gemalten Dinge in keinem Land zu sehen sind und kein intelligenter Mensch derartige Verwirrungen akzeptieren kann. Verlorene Mühe (...)
Ein ebenso eitles Unterfangen ist es, Degas zur Vernunft zu bringen. (...) Versuchen Sie, Renoir klarzumachen, dass der weibliche Körper nicht ein Stück fauliges Fleisch mit grünen und violetten Flecken ist, die den Zustand völliger Verwesung kennzeichnen!
Auch eine Frau hat sich zu dieser Gruppe gesellt, wie es sich für eine richtige Räuberbande gehört. Ihr Name ist Berthe Morisot. Wahrhaftig, ein seltsames Studienobjekt! Weibliche Grazie beschränkt sich bei ihr auf die Ergüsse eines wahnwitzigen Gemütes.

Emile Zola, der mit vielen der impressionistischen Künstler befreundet war und in ihren Kreisen verkehrte, konterte später:
Dieses Lachen der Damen war nicht in den Taschentüchern zu ersticken und die Männer ließen ihm freien Lauf. Gegenseitig stieß man sich an, krümmte sich, jedes Gemälde gab Grund dazu. Diese witzelnden Bemerkungen, die ständig von Mund zu Mund gingen, drückten den Inbegriff von Blödheit, alberner Deutung und stupider Bösartigkeit aus, dessen bourgeoiser Schwachsinn angesichts eines Kunstwerkes fähig ist.

Mit der Revolution, die den Namen Impressionismus erhalten sollte, beginnt die Malerei des Lichts, die Autonomie des Künstlers, ... , die Befreiung von den sogenannten „noblen" Themen.
(Blunden 1975)

2
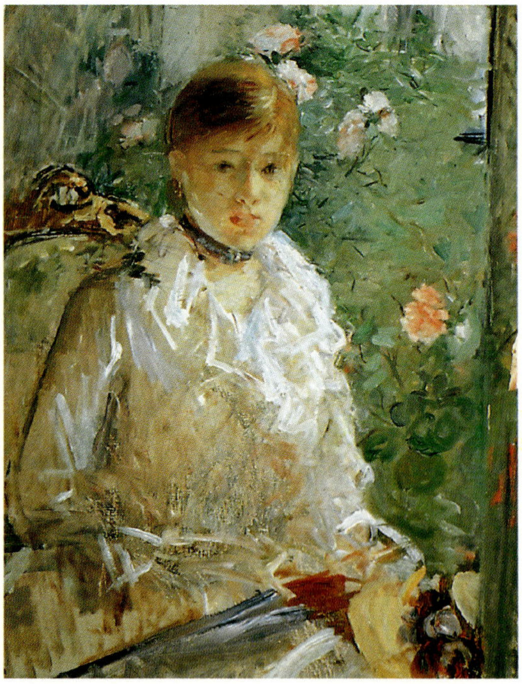

Sehr viel später als der malerische Impressionismus, aber mit gleichen Intentionen, tritt der musikalische Impressionismus in Erscheinung. Hauptvertreter dieser Richtung ist Claude Debussy (vgl. S. 18ff.).

Reden wir, wie sich das von selbst versteht, im übertragenen Sinne von dem Malerischen in seiner Musik, so erkennen wir, dass auch Debussy ... hell in hell mit tausend nebeneinander gesetzten musikalischen Farbtupfen „malt“! Seine von zartem und poetischem Empfinden getragene musikalische Stimmungskunst ist musikalisch Pointillismus, Klangimpression. (...) Debussy vereinigt alle Grundelemente dieser malerischen und dichterischen Strömungen in seiner Musik.

(Niemann, in Daube 1955)

Es gab Dichter und Maler, mit großer Mühe finde ich auch ein paar Musiker, die den Staub der Tradition abschüttelten. Man muss die Disziplin in der Freiheit suchen, nicht in den Formeln einer Philosophie, die längst brüchig wurde und nur mehr für die Schwachen taugt. Man darf auf keine Ratschläge hören, nur auf den Wind, der uns die Geschichte der Welt erzählt. Die paar Noten, die ein ägyptischer Schäfer auf der Flöte bläst, sind mir lieber – er ist ein Teil der Landschaft und hört Harmonien, von denen eure Kompositionslehrer nichts ahnen.

(Claude Debussy: Unterhaltung mit M. Croche)

Nach der Uraufführung von Debussys „Nocturnes“ (vgl. S. 20/21) in Paris schrieb der Kritiker Jean d'Udine im „Courrier musical“:
Eine im edleren Sinne impressionistische Symphonie ist nicht vorstellbar. Sie ist ganz aus Farbflecken zusammengesetzt, sie fügt sich nicht den Krümmungen bestimmter Melodiebögen, sondern ihr Angelegtsein auf Tonschattierungen und Akkorde, ihre Harmonie, würden die Maler sagen, gewährleistet nichtsdestoweniger so etwas wie Gleichartigkeit. (...)
All das ist unaussprechlich reich an Nuancen und eindringlich poetisch (...) Oh, diese Fröhlichkeit der Atmosphäre, wo im Spitzenwerk der Zirruswolken, das sich wirbelnd auflöst und zerflockt, das Licht seine Zauberspiele aufführt.

(Vallas 1961)

Der literarische Impressionismus geht auf Frankreichs Malerei und Musik zurück. Die Dichtung verfolgt das Ziel mit der formalen Durchgestaltung einer „Momentaufnahme“ deren Wesenskern sichtbar zu machen.
Die Leistung des Impressionismus liegt darin, der Kunst neue Gegenstandsbereiche erschlossen zu haben, und zwar einfach ... durch eine besonders intensive, voraussetzungsfreie, auf sich gestellte Wahrnehmung. (...) Die neue Wahrnehmungsweise konnte nicht ohne Konsequenzen für die malerische und sprachkünstlerische Darstellungstechnik bleiben. Die jeweiligen Medien der Darstellung, Farbe und Sprache, mussten neue Anforderungen erfüllen, mussten nach impressionistischem Willen feinste Nuancen der Wahrnehmung wiederzugeben imstande sein. Die Darstellungsmittel wurden folglich verfeinert, alte Regeln wurden über Bord geworfen, damit nicht auch sie die Unmittelbarkeit der Wahrnehmungswiedergabe beeinträchtigen konnten. (...)
Dabei ist zu bedenken, dass nicht Sinnbilder, Mythen, Geschichte ... den Inhalt der Dichtung bilden dürfen, soll sie impressionistisch heißen.

(Marhold 1991)

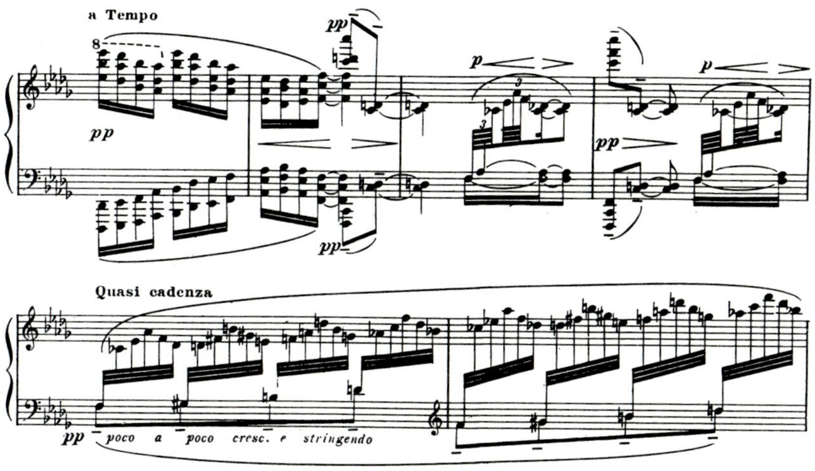

9 Claude Debussy: Reflets dans l'eau, Auszug.
Aus „Images“, 1903
© Durand S.A., Editions Musicales, Paris

In den beiden folgenden Gedichten lassen sich Analogien zu Musik und Malerei nachweisen. Während Nietzsches Venedig-Gedicht ganz aus dem Geist der Musik gestaltet ist, weist Holz' Phantasus-Gedicht eher malerische Qualitäten auf.

Venedig

An der Brücke stand
Jüngst ich in brauner Nacht.
Fernher kam Gesang:
Goldner Tropfen quoll's
Über die zitternde Fläche weg.
Gondeln, Lichter, Musik
Trunken schwamm's in die Dämmrung hinaus...

Meine Seele, ein Saitenspiel,
Sang sich, unsichtbar berührt,
Heimlich ein Gondellied dazu,
Zitternd vor bunter Seligkeit.
– Hörte jemand ihr zu?

Friedrich Nietzsche, 1888

Im Thiergarten, auf einer Bank, sitz ich und rauche;
und freue mich über die schöne Vormittagssonne.

Vor mir, glitzernd, der Kanal:
den Himmel spiegelnd, beide Ufer leise schaukelnd.

Ueber die Brücke, langsam Schritt, reitet ein Leutnant.

Unter ihm,
zwischen den dunklen, schwimmenden Kastanienkronen,
pfropfenzieherartig ins Wasser gedreht,
— den Kragen siegellackrot —
sein Spiegelbild.

Ein Kukuk
ruft.

Arno Holz, 1898

✔ Wieso hatten die zeitgenössischen Kunstkritiker und das damalige Kunstpublikum derart gravierende Schwierigkeiten mit den Bildern des Impressionismus?

✔ Interpretieren und diskutieren Sie den Satz des Kunsthistorikers Kenneth Clark: „Der Impressionismus ist der vollkommenste Ausdruck des demokratischen Humanismus“.

✔ Wo liegen die Gemeinsamkeiten der impressionistischen Malerei, Musik und Lyrik? Vergleichen Sie hierzu auch die Bilder von Monet und Morisot, das Notenbild Debussys und die Gedichte von Nietzsche und Holz.

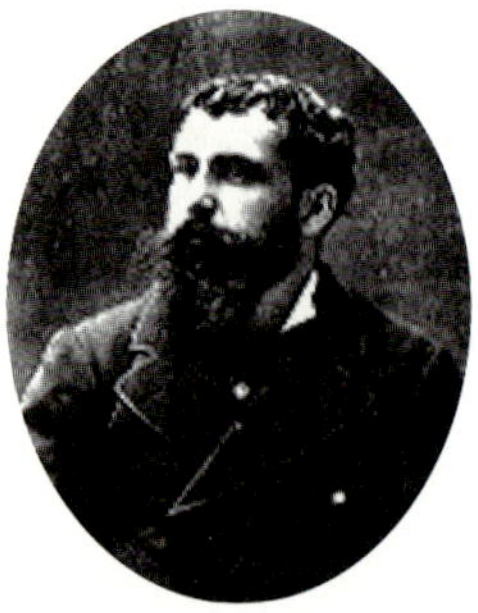

Claude Monet, um 1875

Claude Monet (1840/Paris – 1926/Giverny) Hauptmeister des französischen Impressionismus, wandte sich vor allem der Landschaftsmalerei zu. Er studierte seine ausgewählten Bildgegenstände „plein-air" (im Freien) zu verschiedenen Tageszeiten und unter wechselnden Lichtverhältnissen. Sein Spätwerk („Seerosen") weist eine zunehmende Abstraktion der Darstellung auf.

In Argenteuil, damals ein kleines Dorf in der Nähe von Paris, verbrachte Monet mit seiner Frau und Malerfreunden 1874–76 die glücklichste Zeit seines Lebens. Die Künstler fühlten sich angezogen von der ruhigen Ländlichkeit, von der Vielzahl der Motive, die sich ihnen bot, von den Reflexen des vielfach gebrochenen Lichts auf dem Wasser.
Monets Bild „Die Brücke von Argenteuil" gilt als eines der vollendetsten Werke des französischen Impressionismus. Alles in diesem Bild ist nur eben angedeutet und doch in seinem Erscheinungsbild voll erfasst.
Es war gerade in diesem Argenteuil, wo sich die Sinne des Malers (Monet) schärften und das der Ausgangspunkt seiner entscheidensten Entwicklung wurde (...) Von nun an hat er das Prinzip seiner Sprache erkannt, wohin er auch gehen mag, was immer er versuchen wird, sei es auch bis an die Grenzen der Natur und des Traumes; er wird diese Sprache bereichern, verändern, auflockern, den Ausdruck verflüchtigen – immer aber wird es seine eigene Sprache sein.

(A. Alexandre, in Blunden 1975)

Der mit den Impressionisten befreundete Schriftsteller Emile Zola schrieb über Monets Bilder:
Bei ihm ist das Wasser lebendig, tief, vor allem wahr. Es plätschert um die Boote in kleinen, grünlichen Wellen mit weißen Lichtern; es breitet sich in meergrünen Flächen aus, die ein Windhauch plötzlich bewegt, es verlängert die Masten, die es, spiegelnd, zerbricht, es hat auch fahle und matte Töne, die sich mit heftigen Lichtern erhellen.

Treffend hat Arnold Hauser diese Seh- und Malweise der Impressionisten charakterisiert:
Das impressionistische Sehen verwandelt das Naturbild in einen Prozess, in ein Entstehen und Vergehen. Alles Stabile und Festgefügte löst es in Metamorphosen auf und verleiht der Realität den Charakter des Unfertigen und Unvollständigen (...). Die Darstellung des Lichts, der Luft und der Atmosphäre, die Zerlegung der Farbflächen in Tupfen und Flecke, die Auflösung der Lokalfarbe in Valeurs (...), das Spiel der Lichtreflexe und der aufgehellten Schatten, das zuckende, zitternde Farbenkomma und der offene, lockere, unverbundene Pinselstrich (...) drücken letzten Endes nichts anderes aus, als jenes Gefühl einer bewegten, dynamischen, in fortwährender Veränderung begriffenen Wirklichkeit.

(Hauser 1972)

Mein Verdienst war lediglich, dass ich direkt nach der Natur gemalt habe, indem ich danach strebte, meine Impression der flüchtigen Effekte wiederzugeben.

(Claude Monet)

10.1 Claude Monet: Die Brücke von Argenteuil, 1874. Öl auf Leinwand, 60 x 80 cm. Musée d'Orsay, Paris

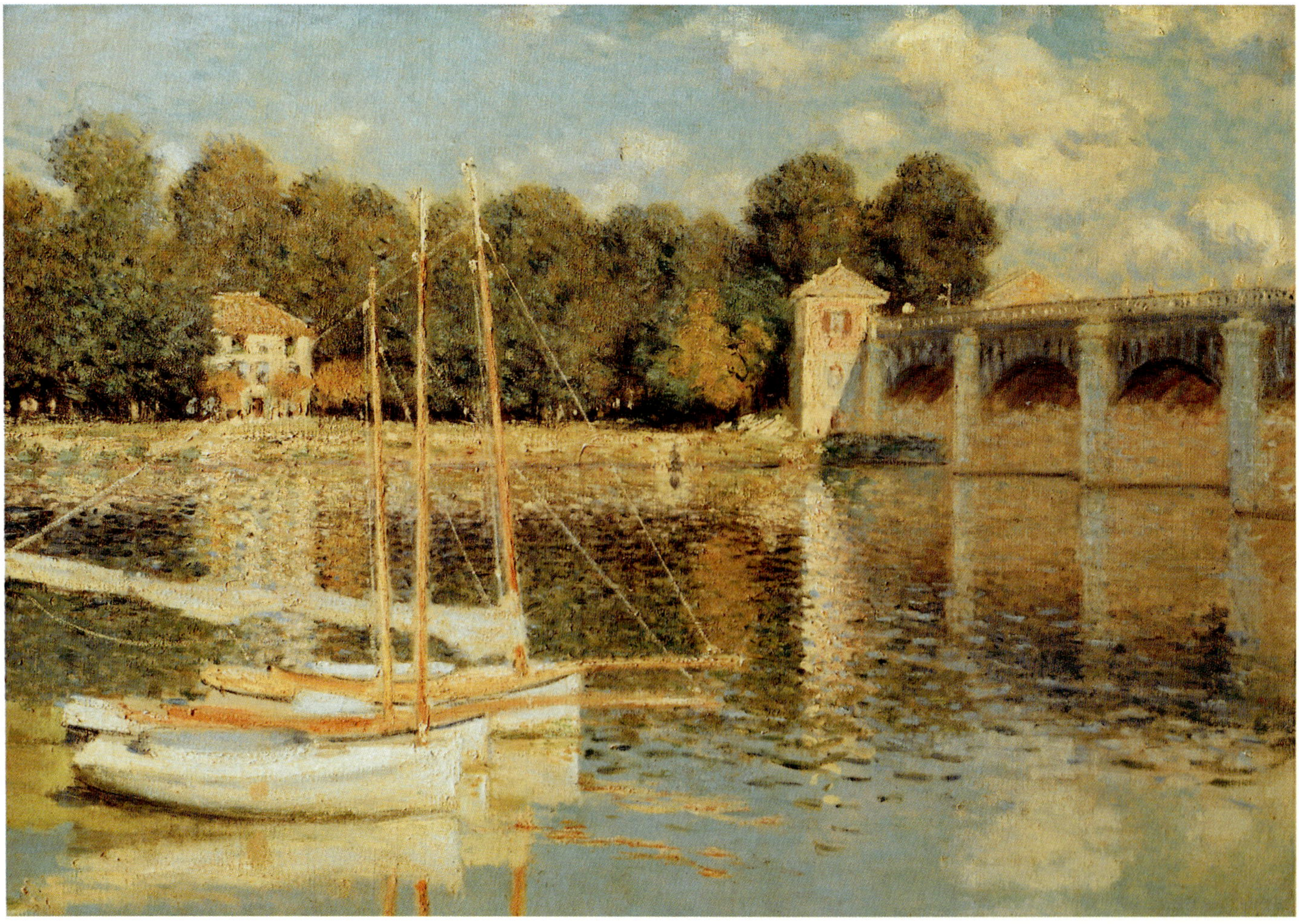

Seit 1865 malen Monet und Renoir Stadtlandschaften und ab 1872 auch die Boulevards von Paris. In nur dreißig Jahren – von 1850 bis 1880 – ließ eine großangelegte Stadtplanung unter der Leitung von Baron Haussmann ganze Stadtviertel in Paris abreißen um Platz für die Prachtstraßen, von Bäumen und Cafés gesäumt, zu schaffen.
Der Boulevard des Capucines, Mittelpunkt modernen, großstädtischen Lebens, wird den Malern zum Schauplatz von Licht und Schatten, von einer Fülle farbiger Nuancen. Sie sind fasziniert von den ständig wechselnden Eindrücken, die sich ihnen bieten.
Von seinem Fenster aus malt Monet, aus der Vogelperspektive, in überwiegend kühlen Farbtönen den belebten Boulevard (11.1).
Zwei Jahre später malt Renoir, aus anderer Perspektive, sein Straßenbild (11.2).
Beide Gemälde verdeutlichen, was die impressionistische Malerei an atmosphärischer Schilderung und Stimmung einzufangen vermochte.

Angesichts der Straßenbilder von Monet und Renoir fühlt man sich an Texte des literarischen Impressionismus erinnert, die ebenfalls aus der Faszination an der „wundervollen Poesie des Augenblicks" entstanden sind.
In seinem Roman „Die Mittagsgöttin" (1887) schildert der Schriftsteller **Wilhelm Bölsche** (1861–1939) eine Berliner Straßenszene:

Mir war, als ich aus der Bahnhofshalle an der Station Alexanderplatz in das wogende Treiben des Berliner Spätnachmittages trat, als schnüre mir die heiße, staubdurchsättigte Luft die Kehle zu. Sicher im Banne alter Gewohnheit, suchte ich zwischen den zahllos sich kreuzenden Pferdebahnlinien und Droschkenreihen meinen Weg, aber das Geklingel und Gestampfe der Wagen und der Hufe, das beständige Ausweichen und Anstoßen im auf- und abflutenden Menschenstrome machte mich heute erregter als sonst. (...) Dieses schreiende, polternde, peitschenknallende und schellenrasselnde Chaos, in dem die Menschen mit harten, teilnahmslosen Gesichtern dahinsausten, als seien sie selbst nur Räder in einer gigantischen Maschine, kam mir am helllichten Tage vor wie ein beängstigender Geisterzug, der mit lähmender Hast und ohrenbetäubendem Geräusch an dem zitternden Wanderer vorüberrast. Die schweren gelbroten Massen der kollernden Pferdebahnwagen verschmolzen zu einem einzigen braunen Wirbel von langen, eckig sich auftürmenden Riesenwogen – die himmelhohen Häuser rings wie graue, versteinerte Säulen des allenthalben aufwallenden Staubes.

1
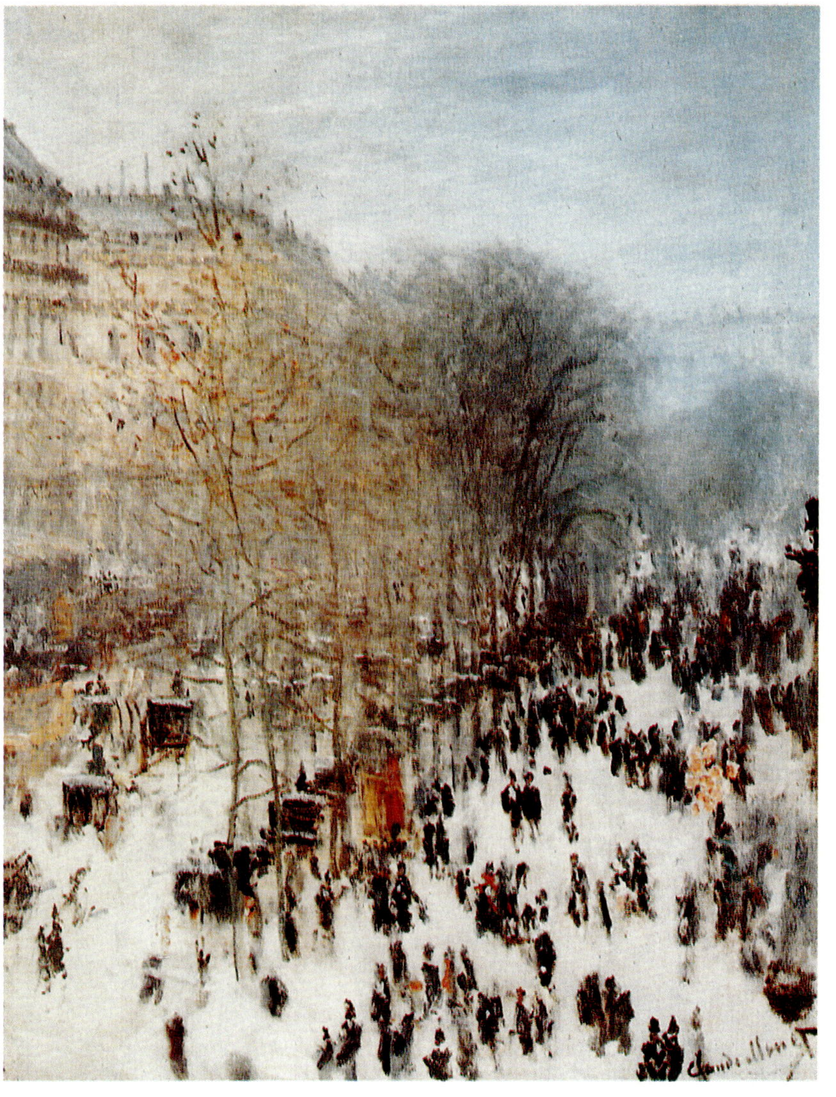

2
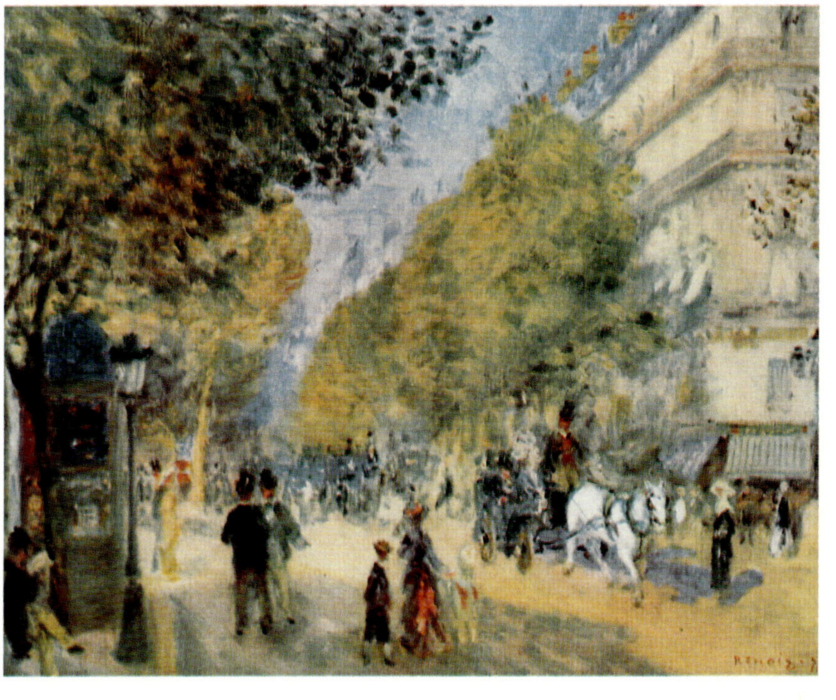

11.1 Claude Monet: Le Boulevard des Capucines, 1873. Öl auf Leinwand, 80 x 60 cm. Privatbesitz

11.2 Auguste Renoir: Die großen Boulevards (Bd. des Capucines), 1875. Öl auf Leinwand, 50 x 60,5 cm. Sammlung H.P. McIlhenny, Philadelphia

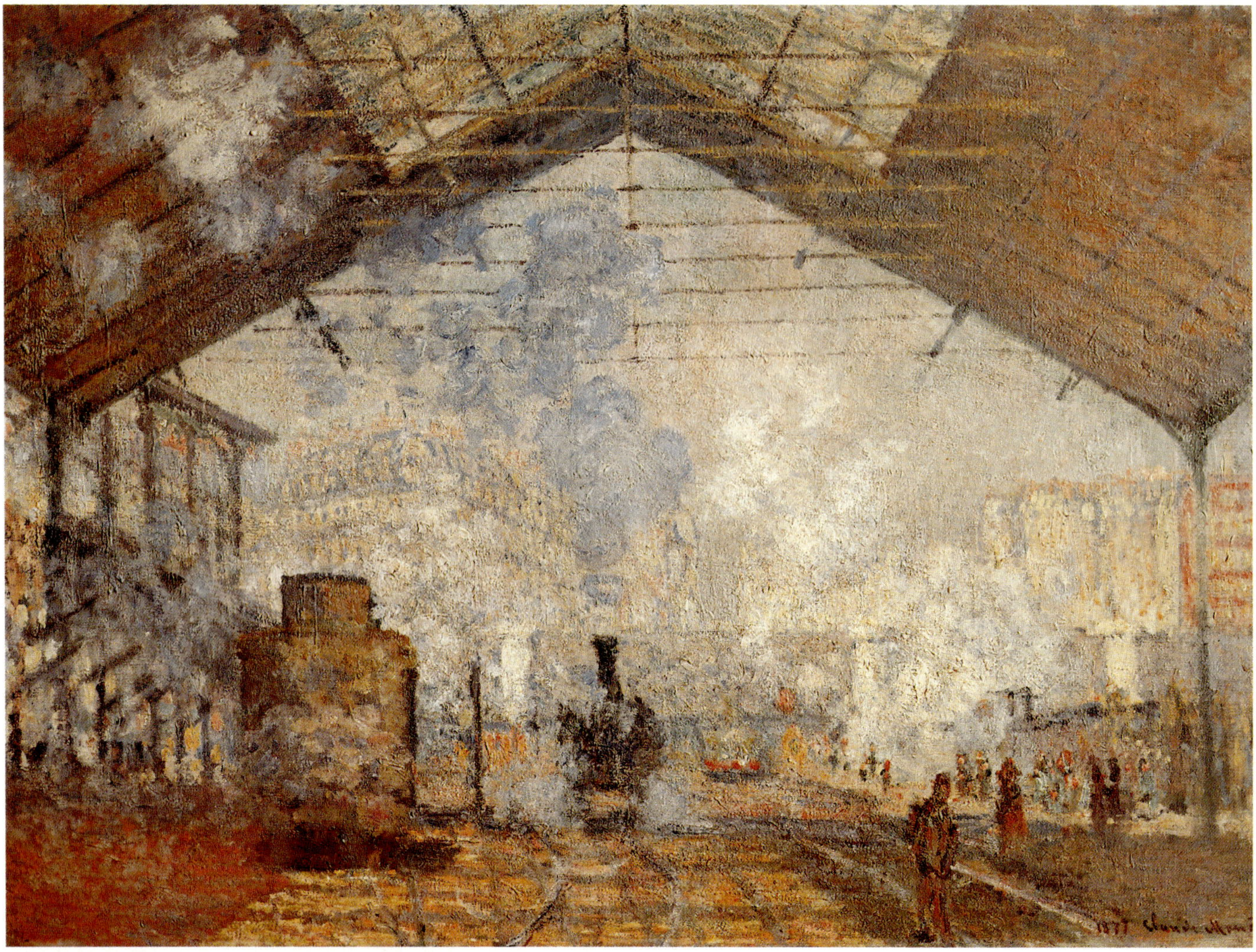

12 Claude Monet: Der Bahnhof Saint-Lazare, 1877. Öl auf Leinwand, 75 x 100 cm. Musée d'Orsay, Paris

Der Bahnhof Saint-Lazare, zu dem Monet, als seinem „Tor zur Welt“, eine ganz persönliche Beziehung hatte, regte ihn im Frühjahr 1877 zu einer ganzen Serie von Bildern an, von der noch zwölf erhalten sind. Nachdem er von der Eisenbahnverwaltung die Erlaubnis erhalten hatte, in- und außerhalb dieses Bahnhofs zu malen, bezog er ein Quartier in unmittelbarer Nähe.
Sein Malerkollege Renoir berichtete:
Er erreichte alles, was er wollte: Man hielt Züge an, sperrte Bahnsteige und stopfte die Lokomotiven voll, damit sie so viel Dampf ausspien, wie es Monet beliebte.

Innerhalb des Gesamtwerkes bildet die Bahnhof-Serie eine Ausnahme: Monet widmet sich hier mit spürbarer Bewunderung für die großstädtische, technisch-industrielle Entwicklung dem Bildthema „Zug und Bahnhof“ als Ausdruck modernen Lebens seiner Zeit. Er war entzückt von den qualmenden Lokomotiven, die vielen seiner Zeitgenossen als Furcht erregende, unästhetische Ungeheuer erschienen, fasziniert von der sich ständig wandelnden Atmosphäre, von Licht, Farbe und Schatten, von der optischen Auflösung des starren Glas- und Eisengerüstes der Bahnhofsarchitektur durch die Schwaden von Rauch und Dampf.
Seine Bahnhof-Serie erregte beim zeitgenössischen Publikum großes, allerdings negatives Aufsehen, widersprach es doch dem „guten Geschmack“, solche Szenen darzustellen. Vergegenwärtigt man sich, dass damals die neue Erfahrung einer bis dahin unbekannten Geschwindigkeit einer Fahrt mit der Eisenbahn eine völlig neue Art der Wahrnehmung herausforderte, kann man besser verstehen, warum diese technischen Entwicklungen bei vielen Zeitgenossen Schreck und Verunsicherung auslösten.
Die Bahnhofsbilder sind Vorläufer der Monetschen „Serien“ (z.B. der „Heuschober“, der „Pappeln“, der Westfassade der „Kathedrale von Rouen“), bei denen ein Bildmotiv, von einem nahezu identischen Standort aus gesehen, unter verschiedenen Lichtbedingungen und Tageszeiten, vielfach variiert wird. Diese prozesshafte, serielle Arbeitsweise hat viele Künstler bis in die heutige Zeit maßgeblich beeinflusst.

Dieses Jahr zeigt Monet einige wunderbare Innenansichten von Bahnhöfen. Man kann den Lärm von einfahrenden Zügen hören, man sieht die Rauchwolken, die sich unter dem riesigen Dach zerteilen. Das ist die Kunst von heute (...) Unsere Maler sind dazu gezwungen, die Poesie der Bahnhöfe zu entdecken, so wie ihre Väter die Poesie der Wälder und Flüsse entdeckt haben.

(Emile Zola)

✔ Warum erregten Monets Bahnhofsbilder beim zeitgenössischen Publikum vorwiegend negatives Aufsehen?

✔ Untersuchen Sie in Bild 12 die Funktionen von Licht und Farbe, die Maltechnik, Formgebung und Raumdarstellung.

1 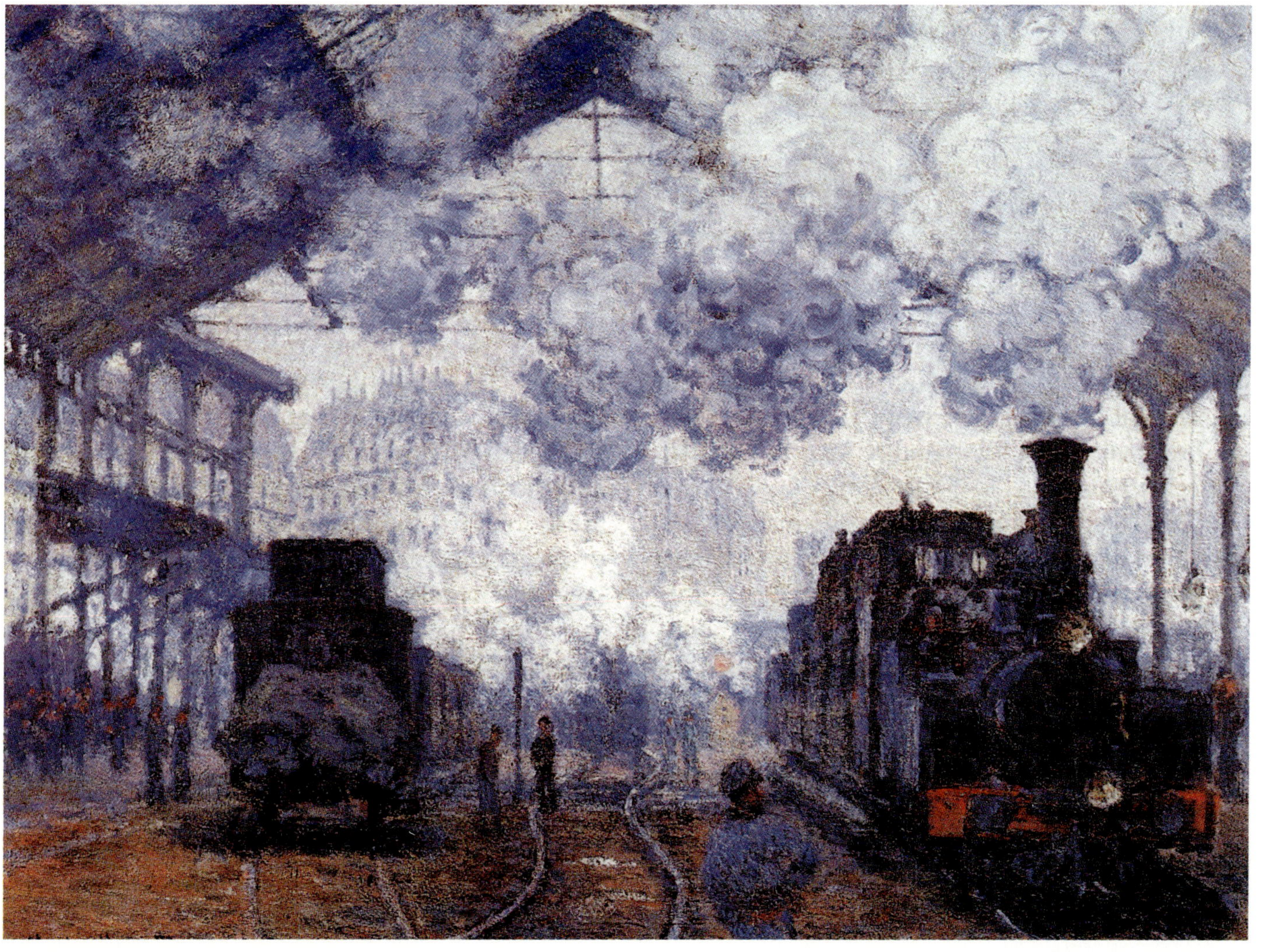

Dort die schwärzliche Riesenhalle des Stadtbahnhofs an der Friedrichstraße, heraufgewölbt über die nächsten Dächer wie die stillose Panzerschale eines ungeheuren lauernden Reptils und doch in ihrer Wucht, ihrer alles übertrumpfenden Zweckmäßigkeit einer kommenden, verwandelten Generation vielleicht ein echter Tempel, der ihr Auge mehr befriedigte als der luftige Rausch hellenischen Säulenwerks. (...)
Welch ein Bild, – dieser Wirbel des großstädtischen Arbeitsmeeres. Alles in meiner nächsten Umgebung erzitterte unausgesetzt, der Tisch, der Bieruntersatz, die Holzbrüstung, auf die sich mein Arm stützte, die Planken des künstlichen Fußbodens unter mir. Man hatte die Empfindung der Nähe einer ungeheuren Maschine, die alle jene Räder da drüben durch eine einzige unsichtbare Kraft verband und die Materie bis tief ins Erdreich hinab und bis hoch in die dunstige, von ansteigenden Regenwolken überschattete Luft hinauf in mitschwingende Bewegung setzte. Und diese Fülle der Farben!
Der kolossale Platz gerade vor mir braunschwarz, nass, hier und da, wenn die Wolken sich auf Momente zerteilten, mit lichtblauem Reflex.

Wilhelm Bölsche, aus: „Die Mittagsgöttin", 1887

In seinem Roman „Die Mittagsgöttin" (vgl. S. 11) beschreibt der Schriftsteller Wilhelm Bölsche großstädtische und ländliche Szenen, die in der Art ihrer Wahrnehmung und Schilderung impressionistisch sind.
Wilhelm Bölsche erlebte 1887 den Berliner Bahnhof Friedrichstraße (vgl. S. 4), ähnlich wie der Maler Monet, als eine „ungeheure Maschine", fasziniert vom Bild dieses „Wirbels des großstädtischen Arbeitsmeeres" mit seinen schnell wechselnden, farbigen Sinnesreizen.

13.1 Claude Monet: Der Bahnhof Saint-Lazare, 1877. Öl auf Leinwand, 83 x 101,5 cm. Fogg Art Museum, Cambridge, Massachusetts

2 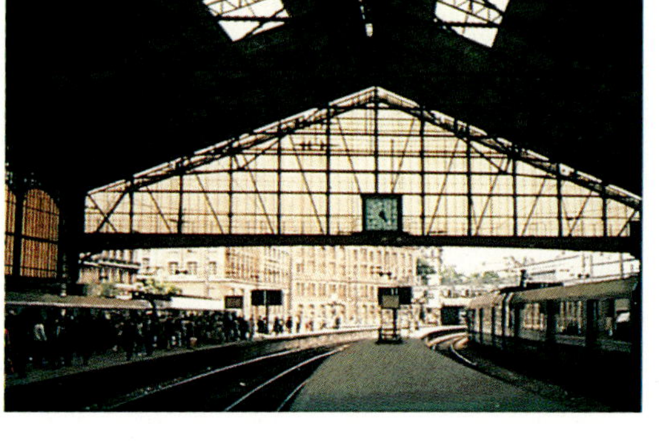

✓ Vergleichen Sie die Bilder Monets mit der Fotografie. Was interessierte den Maler, was wohl den Fotografen an dieser Bahnhofshalle?

✓ Versuchen Sie, die Beschreibung Bölsches in eine eigene bildnerische Idee umzusetzen.

13.2 Der Bahnhof Saint-Lazare, Paris 1981

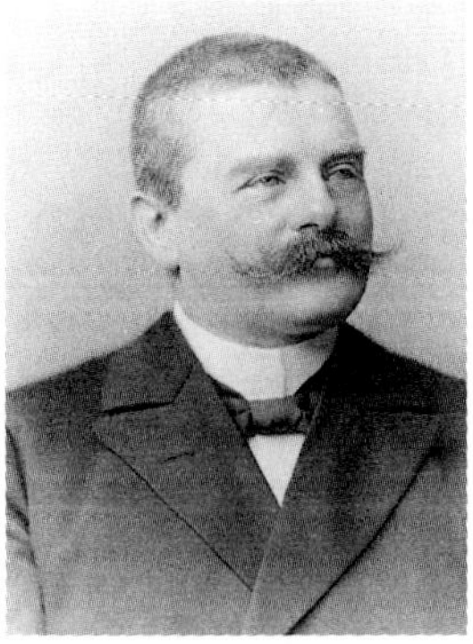

Detlev von Liliencron, 1909

Detlev von Liliencron
(1844/Kiel – 1909/Alt-Rahlstedt bei Hamburg)
Offizier des preußischen Heers, Anstreicher, Klavier- und Gesangslehrer, Verwaltungsbeamter etc. Wendet sich erst spät der Literatur zu. Welterfahren und nicht durch Bildungsideale festgelegt, zeichnet sich seine Erlebniswelt durch einen hohen Grad an Unmittelbarkeit und Spontaneität aus. Die impressionistischen Tendenzen, die in seinem Gesamtwerk nur einen begrenzten Stellenwert einnehmen, sind vor allem in seiner Lyrik nachweisbar, insbesondere in seinen frühen Sammlungen. Als erster deutscher Dichter hat er impressionistische Möglichkeiten der Sprachkunst erschlossen. Seine Themen findet er in der norddeutschen Landschaft, der Großstadt, in der Begegnung mit Frauen, bunten Festen und stilllebenartigen Betrachtungen.

Ich war so glücklich
Ausflug

Mittsommertag.
Um sieben Uhr früh schon
Spritzen die Sprenger
Das glühende Pflaster.
Und um sieben Uhr früh
Bin ich unterwegs
Nach dem Bahnhofe.
Die schönste Rose, die zu erlangen ist
In der Stadt,
Eine mächtige Marschall Niel,
Kauf ich mir im Blumenladen.
Dass sie nicht welkt,
Umschlägt sie die Verkäuferin
Mit weißem Seidenpapier.
Und nun glänzt es
Durch die zarte Umhüllung
Wie schmelzende Butter.

Welcher Wirrwarr
Auf dem großen Bahnhofe.
An allen Schaltern Gedränge;
Viele Sprachen umtönen mich;
Rote Reisebücher stechen aus allen Händen.
In den Hallen und Sälen und Fluren
Wartende,
Sich Treffende,
Schwatzende,
Sich Durcheinanderschlingende,
Schupsende,
Entwirrende.
Und im Mittelbau
Wart auch ich,
Umbrandet
Von Menschenwogen.
Und meine Augen
Wandern immerfort wieder
Nach dem Haupteingange:
Jetzt, jetzt muss sie kommen.
Mit schrillem, durchdringenden Tone
Schlägt eine Uhr drei Viertel.
Nur noch sieben Minuten
Und – da ist sie, da ist sie.
Ihr gelbbraunes Jäckchen
Erkenn ich aus Tausenden.
O Glück, ich fing dich, ich halte dich,
O Tag, du bist so schön.
Rasch steckt die Rose
An der Brust des liebsten Mädchens.
Nun die Fahrkarten,
Und ins Coupé.
Dem Schaffner ein Trinkgeld
Wir bleiben allein.

Nicht fern unsrer Tür,
Steht der dicke, rotmützige,
Biergesichtige Zugführer.
Er spielt mit seiner elfenbeinernen Pfeife,
Sie ab und zu
An die Lippen bringend, in die Lippen setzend,
Ohne das Zeichen zu geben.
Er schielt zuweilen nach uns hin
Und lächelt,
Lächelt ein wenig maliziös,
Und gutmütig zugleich.
Hol' ihn der Kuckuck.
Jetzt gibt er den Befehl zur Abfahrt.
Endlich!
Die Lokomotive schreit.
Langsam setzen wir uns in Bewegung.

Haltepunkt um Haltepunkt verliert sich hinter uns.
Wir nähern uns dem Ziele.
Vorm Spiegel wird alles in Ordnung gebracht:
Ins zerzauste Haar
Die verloren gegangene
Und wiedergefundene Nadel geheftet;
Das Hütchen zurechtgerückt.
„Nichts vergessen?"
Und: „Bitt'schön, möcht'st du mir net g'schwind
Den Handschuh zumach'n?"
Wir steigen aus.

Arm in Arm, o die Seligkeit!
Im fremden Städtchen
Ist Jahrmarkt.
Wir besuchen den Trödel:
Wir reiten im Karussell
Auf Löwen und Schwänen;
Wir bestaunen die „Wunderdame";
Wir lassen uns fotografieren:
„Immer herein die Herrschaften;
In zwei Minuten ist alles fix und fertig."
Die Bilder sind herrlich;
Nur das linke Auge
Des Mädchens fehlt;
Statt dessen zeigt sich ein weißer Fleck,
Erbsengroß.

(...)

Was geht den Frauen und Mädchen
Über „die Landpartie"?
Nichts.
Selbst dem kleinen Herzensintrabbringer,
Der sonst so zärtlich behandelt wird,
Wird dann der Rücken gekehrt.
Doch nicht ganz:
Am sanften Abhange,
Am Saume der Hölzung,
Ruhen wir.
Wohlriechender Wegerich,
Hundszunge und Ehrenpreis,
Zittergras und Salbei
Sind unser Teppich.
Goldamseln umhüpfen uns.
Und alles ist wie ein Traum.

(...)

Detlev von Liliencron, 1890

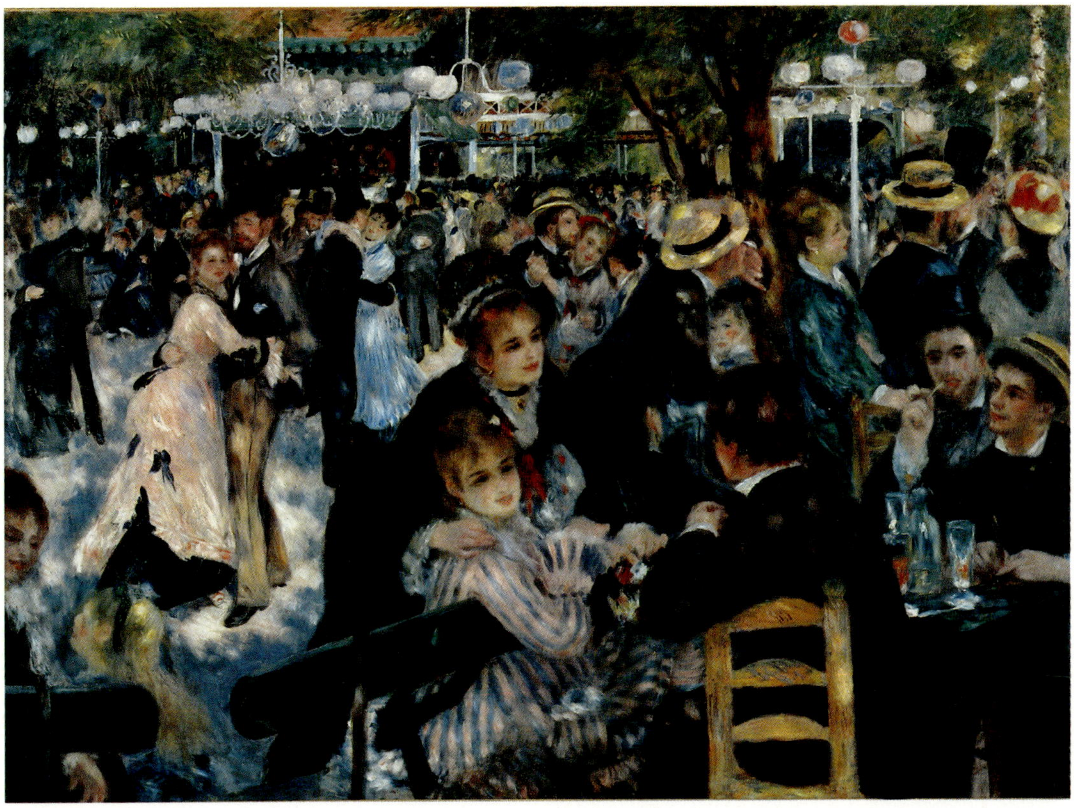

1

15.1 Auguste Renoir: Le Moulin de la Galette, 1876. Öl auf Leinwand, 131 x 175 cm. Musée d'Orsay, Paris

15.2 Auguste Renoir: Danse à Bougival, 1882/83. Öl auf Leinwand, 180 x 98 cm. Museum of Fine Arts, Boston

Detlev von Liliencrons Gedicht „Ich war so glücklich" (1890) weist nahezu alle Stilmittel des literarischen Impressionismus auf und kann daher als Inbegriff impressionistischer Poesie gelten.

Dieser literarische Text, die Beschreibung der Atmosphäre in einem Bahnhof, einer Ausfahrt aus der Großstadt „ins Grüne", des Feierns einer „fröhlichen Landpartie" usw. ist in seiner Grundstimmung und seiner Hingabe an den vergänglichen Augenblick die poetische Entsprechung der Bilder Monets und Renoirs.

Liliencron verzichtet auf den konventionellen Reim, auf alternierende Rhythmen, auf Vers und Strophe und setzt dafür Gestaltungsmittel ein wie Alliteration, Syntagma (Wortgruppe, die keinen grammatikalisch richtigen Satz bildet), Parataxe, Parallelismus (inhaltlich und syntaktisch gleichmäßiger Bau von Satzgliedern), Zeilentechnik (jede einzelne Zeile enthält eine eigenständige Impression), Segment (Zusammenfassung von einzelnen Zeilen zu einem Wahrnehmungs- und Erlebniskomplex), Vermischung verschiedener Sprach- und Stilebenen (Hochsprache, Umgangssprache und Dialekt), Mischung von auktorialer und direkter Rede.

Entsprechend ist die Interpunktion gestaltet: der Doppelpunkt gewinnt momentane Bedeutung, das Ausrufezeichen betont die Unmittelbarkeit des Erlebens, Semikola ersetzen Punkte und unterbrechen das Wahrnehmungs- und Erlebniskontinuum weniger stark.

Die Analogie zwischen Sprachkunst und impressionistischer Malerei besteht in der Kombination von Natürlichkeit der Sprache und artistischer Beherrschung formaler Mittel und in der Direktheit und dem Nuancenreichtum der Darstellung des flüchtigen Augenblicks.

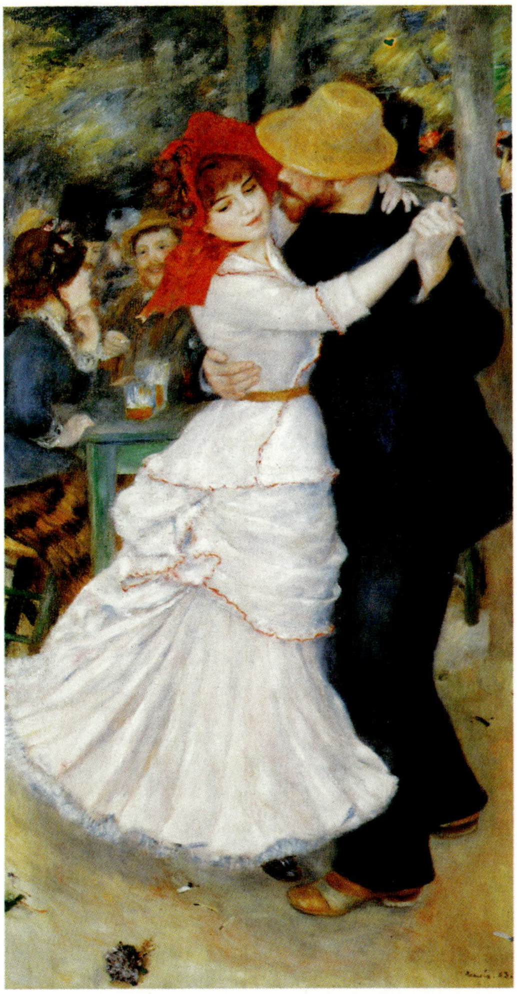

2

✓ Versuchen Sie selbst ein Gedicht oder einen kurzen Prosatext im Stil des Impressionismus zu schreiben. Wählen Sie hierzu ein Thema aus Ihrer unmittelbaren Umwelt.

✓ Versuchen Sie die Bilder Renoirs und Monets (Bahnhof Saint-Lazare, S. 12/13) mit Liliencrons Schilderungen in Beziehung zu setzen. Welche Gemeinsamkeiten gibt es?

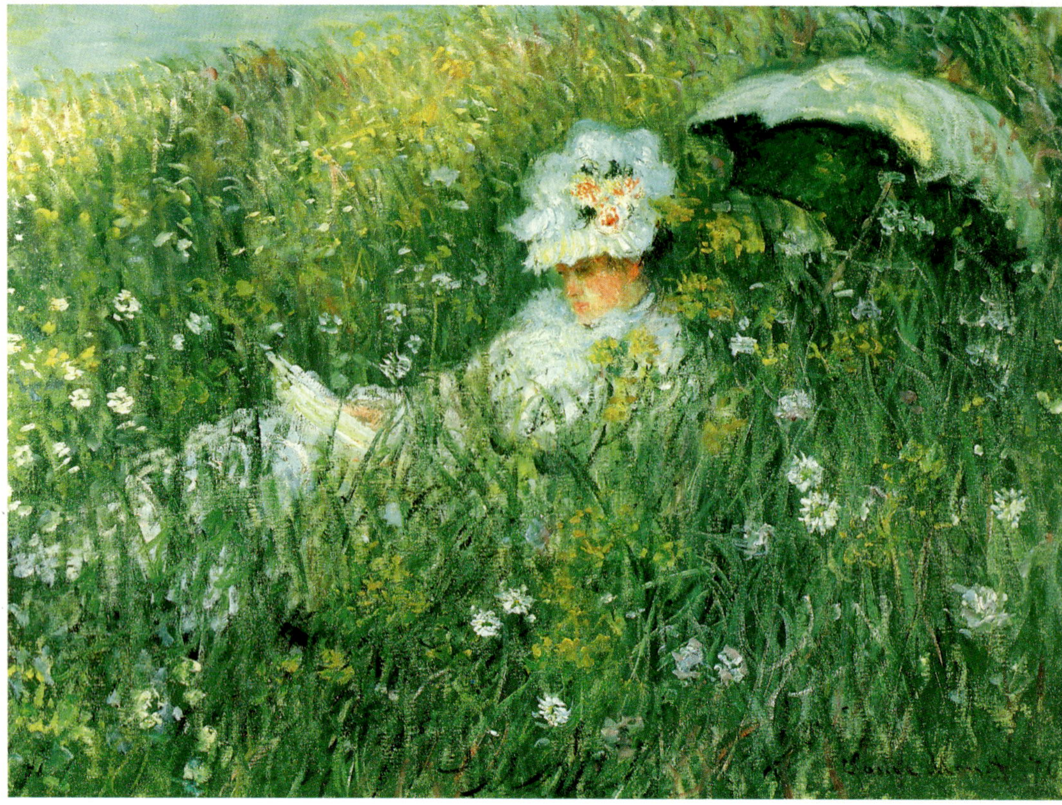

16 Claude Monet: Auf der Wiese, 1876. Öl auf Leinwand, 60 x 81 cm. Privatbesitz

Arno Holz (1863/Rastenburg, Ostpreußen bis 1929/Berlin)
Holz ist zunächst, wie der Schriftsteller Johannes Schlaf, dem Naturalismus verpflichtet, gilt aber neben Liliencron als der bedeutendste Vertreter des deutschen literarischen Impressionismus. Die Grundlagen für seine impressionistische Lyrik, die er einen „konsequenten Naturalismus" nannte, legte er mit seiner theoretischen Schrift: „Revolution der Lyrik", 1899. In seiner Gedichtsammlung „Phantasus", 1898/99, gestaltet er einen impressionistischen „Sekundenstil", der ganz persönlich gefärbte Augenblickserlebnisse einfängt.

Johannes Schlaf (1862/Querfurt – 1941/ebd.)
Schlaf fand über seine Novellen zu seinem impressionistischen Stil.

Ganz und gar auf die äquivalente Wiedergabe von Sinneseindrücken konzentriert, werden die verschiedensten akustischen und visuellen Impressionen ohne jede Auswahl im Hinblick etwa auf ihre mögliche Bedeutung gegeben. Die Sprache wird dieser Absicht z.B. dadurch angepasst, dass die Sinneseindrücke substantiviert werden und in die Subjektstellen der Sätze oder Satzfragmente einrücken: „Gehn und Kommen, Lachen, Plaudern, Rufen, Bierseidelklappern, Rücken von Stühlen".

(Marhold 1991)

Schönes, grünes, weiches Gras.
Drin liege ich.
Mitten zwischen Butterblumen!

Ueber mir,
warm,
der Himmel:
ein weites, zitterndes Weiss,
das mir die Augen langsam, ganz langsam
schliesst.

Wehende Luft, ... ein zartes Summen.

Nun bin ich fern
von jeder Welt,
ein sanftes Roth erfüllt mich ganz,
und deutlich spür ich,
wie die Sonne mir durchs Blut rinnt —
minutenlang.

Versunken Alles. Nur noch ich.

Selig.

Arno Holz: Aus „Phantasus", 1898

Draußen am Hinterdeich hab ich mein Duselplätzchen. Ein kleines Stündchen gehts durch die blütendurchwölkten Gärten, an Blumenbeeten, Gräben, Wiesen und Feldern vorbei und ich bin an Ort und Stelle.
Und dann lieg ich tief im Gras, in der hellen Sonne, die Hände unterm Genick, ich pfeife und simuliere in den blauen Himmel und die milchweißen Frühlingswolken hinein. Blühender Weißdorn über mir. Der frische Wind drin und Bienen, Hummeln, Fliegen und Schmetterlinge. In die Länge und Breite dehnen sich vor mir die Wiesen hell gegen dunkelgrüne Binsenstrecken hin zum Fluss hinunter, wogen und gleißen mit smaragdenen Wellen. Und in weiten Farben breitet sich roter Sauerampfer dazwischen und lilaweißes Schaumkraut mit zierlichen Dolden, gelbe Ranunkeln und Kuhblumen, und mit feinem rauchigen Silberflimmer die tausend und tausend Lichterchen der Butterblumen. (...)
Der Länge nach lieg ich auf dem Rücken und lächele mit halbgeschlossenen Augen in das tiefe, blendende Blau hinein. Nah und fern hör ich eine Musik.
Durch das Gesumme der Bienen und Hummeln, durch das Wispern der Gräser und Binsen, durch das heimliche, verlorene Plätschern blinkenden Gekräusels, aus den tausend Stimmen der Vögel, zwischen den rauschenden Büschen. (...)
In unendlichen Farben, Formen, Tönen ein einziges Lied, ein einziger, einender, mächtiger Rhythmus, ein gewaltiger Einklang.
Jauchzt, jubelt, flötet, klagt, braust.
Kommt aus lichtdämmernden, gleißenden Weiten, wird offenbar, süß, schaurig, freundlich in den Nähen, verklingt in den Fernen.
Und ich: hingenommen in ihn, sein Widerklang, ganz, ganz sein Widerklang für eine Minute der Verlorenheit.
Suchen, haben und verlieren, und wieder suchen, halten, verlieren. Immer wieder und wieder und immer von Neuem.
(...)

Johannes Schlaf: Aus „Frühling", 1896

Fallende Tropfen. Ein Stimmungsbild

Bis tief in den Abend hinein, unaufhörlich ein plätschernder Regen, gleichmäßig, einförmig, wie das Rauschen eines Wasserfalls.

Es ging auf Mitternacht, als der Regen endlich aufhörte. Eine Zeit lang noch ein feiner Nebelfall, ein Zittern von Feuchtigkeit in der Luft – dann wurde es still.

Es klapperte nicht mehr gegen die kleinen Scheiben des Häuschens, in dem ich auf einer Wanderung durch das Gebirge mein Nachtquartier gefunden hatte, es trommelte nicht länger so dumpf auf dem Schindeldache.

Ich drehte mich auf die andere Seite und schlief ein.

Ich konnte noch keine halbe Stunde im leichten Traum gelegen haben, als ich plötzlich wieder erwachte.

Ich horchte, indem ich mich fragte, warum ich nur erwacht sein mochte.

Und dann wusste ich es plötzlich.

Tipp ...tipp ... tipp ...

Es tropfte aus der Dachrinne und die schweren Wassertropfen mussten auf den Deckel einer Tonne fallen, so dumpf und hohl klingend schlugen sie auf.

Tipp ... tipp ... tipp ...

Gleichmäßig tropfte es.

Ich drückte den Kopf tief in die Kissen und wollte wieder einschlafen.

Allein gegen meinen Willen war ich gezwungen auf die fallenden Tropfen zu hören, wie sehr ich mich auch sträubte.

Und dann fing ich an zu zählen.

Erst die Tropfen. – Als ich bis hundert gekommen war – ein paar Minuten gingen darüber hin – fing ich an mich über mich selbst zu ärgern; und ließ es.

Und dann überraschte ich mich, wie ich die Zwischenräume auszählte zwischen den einzelnen Tropfen.

Tipp ... 1 ... 2 ... 3 ... 4 ... 5 ... tipp ... 1 ... 2 ... 3 ... 4 ... 5 ... 6 ... 7 ... tipp ... 1 ... 2 ... 3 ... 4 ... 5 ... 6 ... 7 ... 8 ... 9 ... tipp ...

Ich wollte es nicht mehr hören – allein, das war leichter gesagt als getan. (...)

Durch die zugezogenen Gardinen stahl sich ein hellerer Schimmer. Ich konnte nichts deutlich erkennen, aber dennoch vermochte ich es, mir die niedere Kammer mit all ihren Einzelheiten peinlich genau wieder vorzustellen, genau wie jeder Gegenstand aussah nach Form und Farbe, wo er sich befand, und welchen Eindruck das in der Gesamtheit auf mich machte.

Die weiß getünchte Wand, dort der große braune Eichenschrank, dort die Truhe, an der Wand zwischen den Fenstern der Spiegel, dort ein Heiligenbild, in der Ecke ein Kruzifix und an dem Kleiderhaken ein paar Seidenkleider der Bäurin und ein Mantel mit großen silbernen Knöpfen.

Und dann verwischte sich dieses so scharf umrissene Bild wieder in einem Augenblicke vollständig, in dem Augenblicke, als ich den ersten schweren Tropfen wieder fallen hörte.

Da lag ich nun mit offenen Augen und starrte in die Finsternis und hatte so gar keinen Gedanken. Und dann überfiel mich wie ein jäher Schreck das Bewusstsein dieser Gedankenlosigkeit und ich fing an über den seltsamen Zustand nachzugrübeln; es war, als ob ich einmal wieder wie so oft in zwei Personen mich geschieden habe, eine natürliche, die jetzt dalag und nur den Tropfenfall hörte und ein leises kaum merkliches Gefühl der Leiblichkeit hatte, und eine andere, die darüber zu schweben schien, sich kritisch davon sonderte und über die erste und deren Empfindungen nachdachte.

Und dabei stellte ich mich selbst gleichsam als ein drittes zu diesen beiden Funktionen meines Selbst und konstatierte sie wie ein gewissenhafter Reporter. Tipp ... tipp ...

Die Tropfen fielen gleichmäßig.

Ich war aufgestanden und hatte die Fenster geöffnet und die weiche Regenluft, die nach nassen Blättern und feuchter Gartenerde roch, wogte nebelhaft herein, dass mir war, als läge ich mitten im Wald auf dem nassen Boden. (...)

Und dazu das monotone, nicht enden wollende Aufschlagen der Tropfen. (...)

Heinz Tovote: Fallende Tropfen, 1890. Auszug

Heinz Tovote (1864/Hannover – 1946/Berlin)
Der Prosatext „Fallende Tropfen“, 1890 in der Berliner Zeitschrift „Freie Bühne“ erschienen, lässt ein interessantes Problem des literarischen Impressionismus besonders deutlich hervortreten: Nicht nur die Wahrnehmungen eines bestimmten Augenblicks („Sekundenstil“), sondern auch Bewusstseinsinhalte werden hier zum Gegenstand der konstatierenden Darstellung. Zwischen der nuancenreichen sprachlichen Schilderung der fallenden Tropfen werden innere Erlebnisse, halbbewusst gesehene Bilder dargestellt. Dieser Text ist ein Beispiel dafür, dass auch verinnerlichte Prozesse Gegenstand impressionistischer Dichtung sein können, sofern die beobachtende Instanz des Künstlers als solche erhalten bleibt.

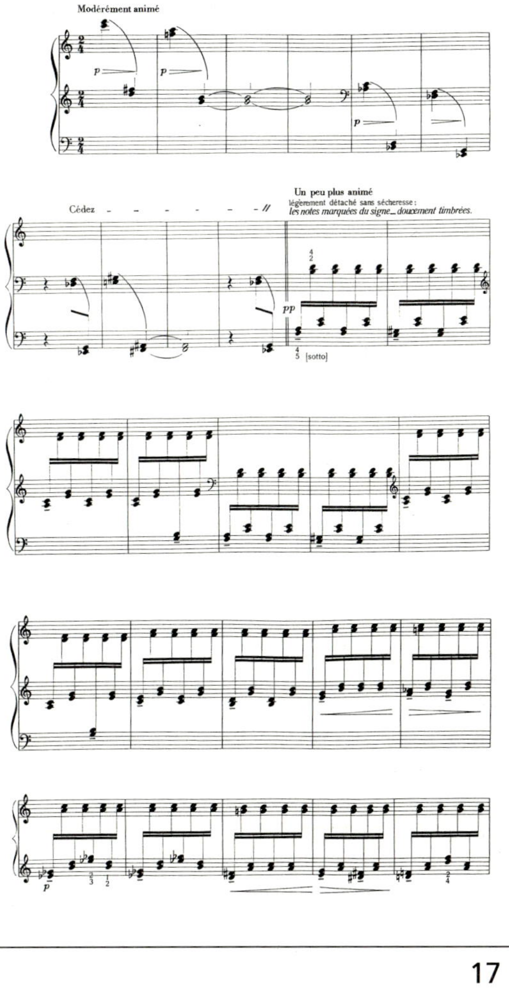

✔ Lesen Sie das Gedicht von Arno Holz laut vor. Überprüfen Sie Zeile für Zeile auf ihren Wahrnehmungsgehalt.

✔ Versuchen Sie Analogien zwischen dem Prosatext von Schlaf, dem Gedicht von Holz und dem Bild von Monet aufzuspüren.

✔ Was zeichnet den Text „Fallende Tropfen“ als ein Werk des literarischen Impressionismus aus? Können Sie diese Art der Wahrnehmung in den Bildern der impressionistischen Künstler wiederfinden?

✔ Vergleichen Sie zu dem Text von Tovote das Notenbild von Debussy.

17 Claude Debussy: Préludes pour piano, 2. Buch. „Les tierces alternées“, 1910-12. Auszug. © Editio Musica Budapest

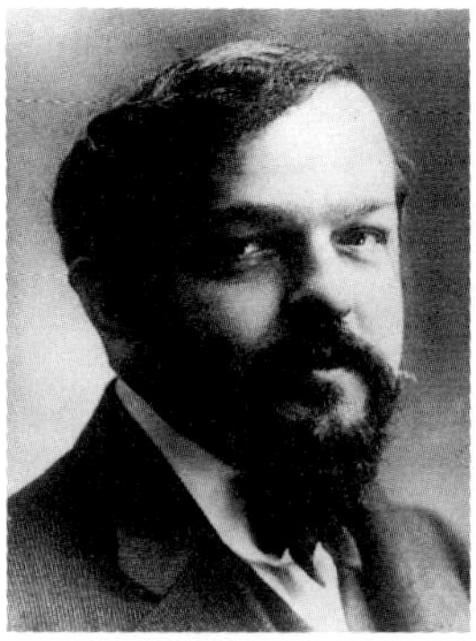

Claude Debussy, um 1900

Claude Debussy
(1862/St. Germain en Laye – 1918/Paris)
Wurde mit knapp zehn Jahren bereits am Pariser Conservatoire de Musique zugelassen und studierte dort Klavier und Komposition. 1880–82 war er im Haus von Nadjeshda von Meck in der Schweiz als Musiklehrer ihrer Kinder tätig. Durch sie, die mit Tschaikowsky gut bekannt war, kam Debussy in intensiven Kontakt mit der Musik Russlands.
1888 und 1889 besucht er die Bühnenfestspiele in Bayreuth und ist dort besonders von Wagners „Parsifal“ beeindruckt.
In Paris hat Debussy Kontakt zu symbolistischen Dichtern (Mallarmé, Baudelaire) und impressionistischen Malern.
1889 hört er auf der Weltausstellung in Paris zum ersten Mal Musik aus dem Fernen Osten und ist davon fasziniert.

Wesentlich später als der malerische Impressionismus trat der musikalische Impressionismus in Erscheinung. 18 Jahre liegen zwischen Monets Bild „Impression, soleil levant“ (vgl. Bild 8.1) und der 1890 komponierten „Suite bergamasque“ von Claude Debussy, dem Hauptvertreter der impressionistischen Musik.
Diese zeitliche Verschiebung ist vor allem auf den großen Einfluss Richard Wagners auf das Musikleben Frankreichs ab Mitte der 70er-Jahre zurückzuführen. Wagner, die beherrschende Figur im Musikgeschehen des späten 19. Jahrhunderts, forderte die Komponisten der damaligen Zeit zur Auseinandersetzung mit seinem Werk und Stil heraus. Deshalb zeigte die bereits 1871 von der „Societé Nationale de Musique“ ausgegebene Devise, eine „ars gallica“, eine stilistische eigenständige französische Musik an die erste Stelle zu setzen, zunächst wenig Wirkung. Erst als Wagners Einfluss zu schwinden begann, konnte sich ein national geprägter Stil entwickeln.
Debussy wandelte sich noch vor der Jahrhundertwende vom glühenden Verehrer Richard Wagners – jahrelang war er nach Bayreuth „gepilgert“ – zum einflussreichen Gegner des Wagner-Stils um den noch ungefestigten Charakter französischer Musik nicht zu gefährden. Dagegen blieb er dem Werk J. S. Bachs zeit seines Lebens verbunden.
1884 gewann Debussy den „Prix de Rome“, einen Förderpreis für junge, begabte Musiker, der mit einem Aufenthalt in Rom verbunden war. Dort bot sich ihm die Gelegenheit, in den Kirchen die Kirchenmusik alter Meister und den Gregorianischen Gesang kennen zu lernen.
Hier erschloss sich ihm jetzt die freie Behandlung des Rhythmus, der vom Wechsel zwischen starken und schwachen Taktteilen unbeeinflusst bleibt, hier konnte er den lebhaften oratorischen Tonfall heraushören und den Reichtum der kirchlichen Tonarten würdigen, die ihm zwar schon bei der Entdeckung russischer Melodien aufgegangen waren, von dessen vielseitiger Fülle ... ihm seine Harmonielehrer ... kaum eine Ahnung vermittelt hatten.

(Vallas 1961)

Wie gern der junge Debussy, dem die künstlerische Enge des Konservatoriums in Paris nicht behagt hatte, all diese Eindrücke aufgriff, beleuchtet die Begutachtung einer Prüfungskomposition der Académie des Beaux Arts: *„Monsieur Debussy verfällt nicht in Platitüden oder Banalitäten. Im Gegenteil, er zeigt eine übersteigerte Vorliebe für das Ungewöhnliche. Sein Gefühl für musikalische Farbe ist so stark entwickelt, dass er geneigt ist, die Bedeutung einer sorgfältigen Stimmführung und Form zu vergessen. Er sollte sich vor dem vagen Impressionismus hüten, der einer der gefährlichsten Feinde der künstlerischen Wahrheit ist.“*

(Raeburn/Kendall 1993)

Seiner Neigung zu Fremdartigem und Ungewöhnlichem konnte Debussy 1889 auf bequeme Art nachgeben. Zur künstlerischen Entdeckungsfahrt durch sämtliche Länder der Welt brauchte er Paris nicht zu verlassen: Auf der Weltausstellung war nicht nur der Eiffelturm zu bestaunen, es gab auch vielfältige kulturelle Veranstaltungen, darunter Volksmusikgruppen aus allen Erdteilen zu erleben.
Besonders faszinierten Debussy das annamitische Theater und die dörfliche Gamelan-Musik aus Java. Er berichtet darüber selbst:

Bei den Annamiten wird gleichsam der Embryo eines lyrischen Dramas, das auf chinesischen Einfluss zurückgeht, zur Darstellung gebracht; eine kleine rasende Klarinette vertritt die Gemütsbewegung, ein Tamtam vertritt den Schrecken – und sonst gibt es nichts. (...)
Alles an diesem javanischen Theater macht den Eindruck von etwas völlig Neuem, was es für das Abendland auch tatsächlich war; die Melodie vertraten kurze Weisen von ein paar Noten, die fremdartigen Tonarten gehorchten, so etwa der ausgesprochen hinduistischen, die aus Ganztönen gebildet ist und keine Halbtöne kennt; verwirrende Vielfalt des Tonalen und Modalen, Kadenzen, bei denen die Melodie sich in andere Noten auflöste, als sie in unseren Tonreihen vorkommen; Rhythmen von äußerster Schmiegsamkeit, von vielfältiger und anscheinend regelloser Verwobenheit, die der reichsten individuellen oder kollektiven Fantasie zu entstammen schienen; ein Kontrapunkt von ursprünglicher Spontaneität ...; eine Harmonik, die mit häufigen Nonentremolos aufwartet, jenen Nonen, die im Jahr 1889 als moderne, kühne, Wagnersche Akkorde angesehen wurden.

(nach Vallas 1961)

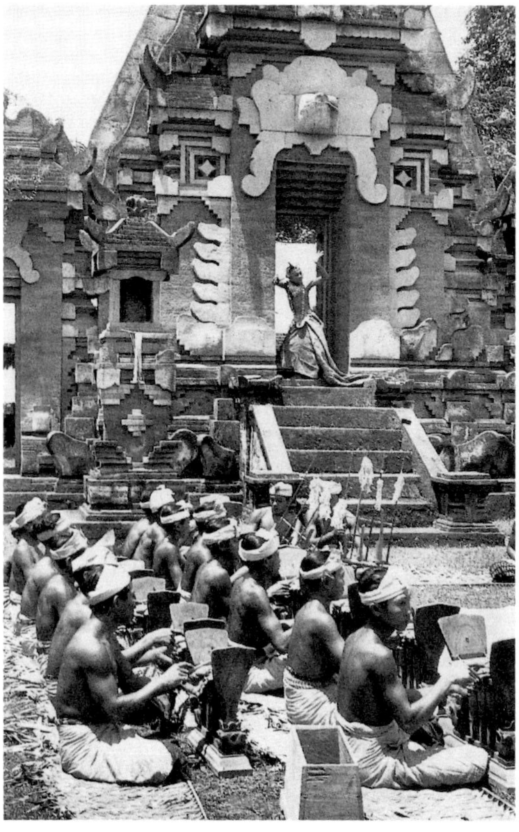

18.1 Gamelan-Orchester, Bali, beim lègong-Tanz, 1966

Nocturnes (Nuages – Fêtes – Sirènes)

Die drei Nocturnes („Nuages“, „Fêtes“ und „Sirènes“) komponierte Debussy zwischen Dezember 1897 und Dezember 1898. Es handelt sich um ein sinfonisches Triptychon mit einem Frauenchor in „Sirènes“. Die Uraufführung am 9. Dezember 1900 (ohne den dritten Satz) wurde ein triumphaler Erfolg.

Seit Beginn des 19. Jahrhunderts fand die Bezeichnung „Nocturne“ immer wieder Verwendung für kürzere, träumerische und elegische Klavierstücke (z.B. von Chopin). Debussy verwendete den Titel in einem anderen Zusammenhang. In seinem Kommentar zur Schlussfassung des Werkes schrieb er: *„Der Titel Nocturnes muss hier in einem allgemeinen und spezieller in einem dekorativen Sinne interpretiert werden. Deshalb soll er sich nicht auf die übliche musikalische Form dieses Namens beziehen, sondern eher auf all die verschiedenen Eindrücke und die besonderen Lichteffekte, die das Wort andeutet.“*

(Raeburn/Kendall 1993)

In einer früheren Entstehungsphase der Nocturnes hatte Debussy über seine Komposition geäußert, sie sei *„ein Experiment mit den verschiedenartigsten Arrangements, die man mit einer einzigen Klangfarbe anstellen kann – das, was man in der Malerei als Studie in Grau bezeichnen würde.“*

Sowohl die Werkbetitelung Nocturnes als auch die Erwähnung der „Studie in Grau“ weisen auf den von Debussy sehr geschätzten anglo-amerikanischen Maler James McNeill Whistler (1834–1903) und auf eine seiner Radierungen mit dem Untertitel „Das Tanzhaus“ (Bild 19) hin.

Das Bild stammt aus einer Serie, die Whistler zunächst „moonlights“ und dann auf Empfehlung eines Gönners und begeisterten Amateurmusikers mit „Nocturnes“ überschrieben hatte.

Das erste Stück aus den Nocturnes, „Nuages“, hat Debussy sehr zurückhaltend instrumentiert. Verschiedene Holzblasinstrumente (Klarinette, Fagott, Oboe, Englisch Horn) erzeugen eine Klangfarbe, die Bilder dahinziehender Wolken entstehen lässt. Es folgen gedämpfte Streicher und ein pentatonisches Motiv für Flöte und Harfe vor dem ruhigen Hintergrund ausgehaltener Akkorde der Streichinstrumente.

Eine sehr verständige und liebevolle Besprechung der „Nuages“ findet sich bei dem Komponisten Paul Dukas (1865–1935) in der „Revue hebdomaire“, 1901:

Im ersten Teil dieser Nocturnes, dessen ‚Dekor‘ aus dem langsamen Dahinziehen von Wolken an einem unbewegten Himmel besteht, ... hat die Musik nicht, wie man vielleicht denken könnte, die Aufgabe, klingender Ausdruck eines meteorologischen Phänomens zu sein. Mit dem regelmäßigen Fluss prachtvoller Akkorde, deren Auf- und Absteigen an die Bewegung luftiger Architekturen erinnert, spielt sie allerdings darauf an. Die Nachahmung ist annäherungsweise vorhanden. Aber der letzte Sinn des Stücks bleibt doch ein symbolischer und so sehr es sich auch von den vorhergehenden Werken des Komponisten zu unterscheiden scheint, hat dieses Nocturne dennoch dies eine mit ihnen gemein: es übersetzt die Analogie durch die Analogie, mittels einer Musik, deren sämtliche Elemente – Harmonik, Rhythmik und Melodik – gewissermaßen im Äther des Symbols verflüchtigt und wie auf den Zustand der Schwerelosigkeit reduziert zu sein scheinen.

„Nocturnes“ sind traumhafte Visionen (...) Sie erwecken durch den Klang, was der Dichter durch das Wort zu erwecken versucht, ein Naturerlebnis, einen Traum vom festlichen Treiben im magischen Licht, einen verführerischen Gesang unwirklicher Wesen. Sie schildern keinen Vorgang. Das trennt sie von aller programmatischer Musik. Sie erzählen nichts von Gemütsbewegungen.

(Strobel 1940)

Wir spüren sofort das Neue – ... keine „Szene“ mehr mit bestimmten Ereignissen und menschlichen Emotionen, mit dramatischen Zuspitzungen. Vielmehr – Naturausschnitte ohne den Menschen. Flächenhafte Naturansichten, auf denen sich eine Art von Mikrobewegung ganz außermenschlicher Herkunft abspielt – Wolkenbewegungen am Himmel, Lichtbewegungen in der Atmosphäre, Licht- und Wellenbewegungen auf der Meeresfläche. Und wo Gestalten auftreten, sind es Schemen- und Schattenbilder. Schon vom Ansatz her fehlt jede Vergleichsmöglichkeit mit den großen Naturbildern bei Beethoven, Mendelssohn, Berlioz, Strauß, wo immer der Mensch sein Fühlen in die Natur hineinprojiziert.

(Jakobik 1977)

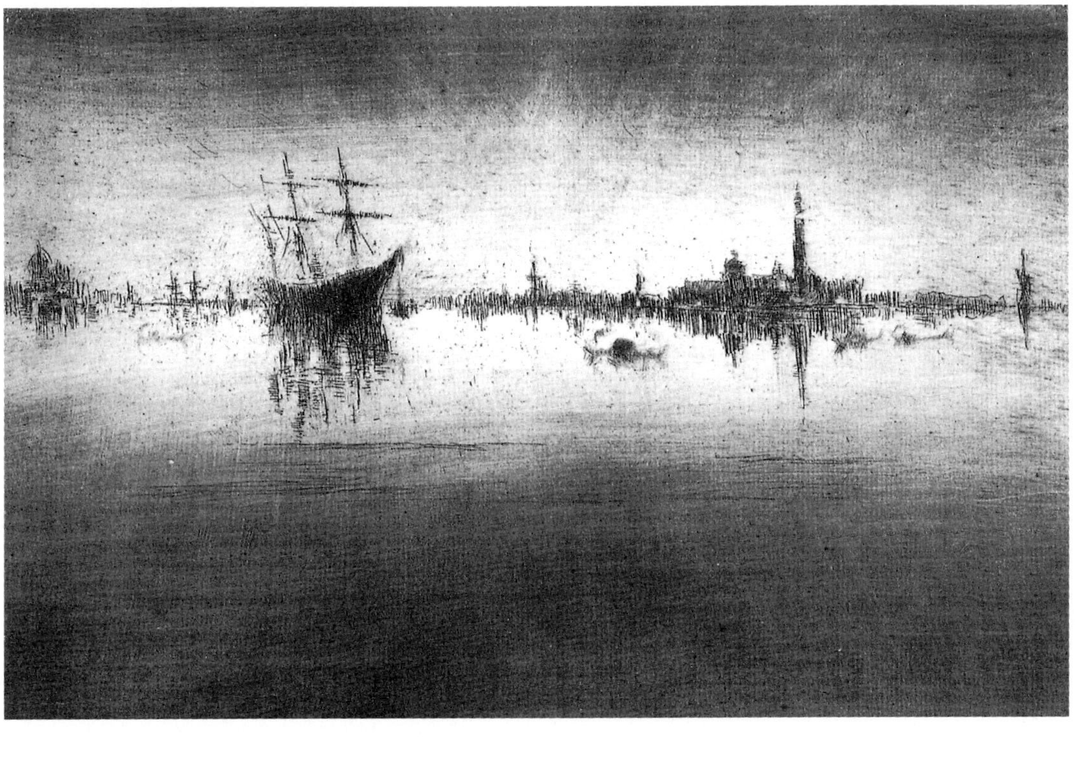

19 James McNeill Whistler: Nocturne (Dance House), 1879/80. Kupferstich und Kaltnadelradierung, 20 x 29,5 cm. National Gallery of Art, Washington

Harmonik

Debussys harmonische Neuerungen werden als stilbildend schlechthin bewertet. Er nimmt spätromantische Tendenzen in der Musik auf (Mendelssohn, Liszt, Bizet), entwickelt sie weiter und verknüpft sie mit Einflüssen außereuropäischer Musik (pentatonische Bildungen). Zunehmend setzt er Dissonanzen (Dominantseptakkord oder Sekundklänge) ein, die als „Farbwerte“ verstanden und nicht mehr aufgelöst werden.

✔ Lesen Sie die Akkorde von Takt 14 (Töne von unten nach oben).
Aus welchen Intervallen sind die Akkorde zusammengesetzt?

✔ Vergleichen und beschreiben Sie die Akkordbewegungen der Takte 20 und 21.

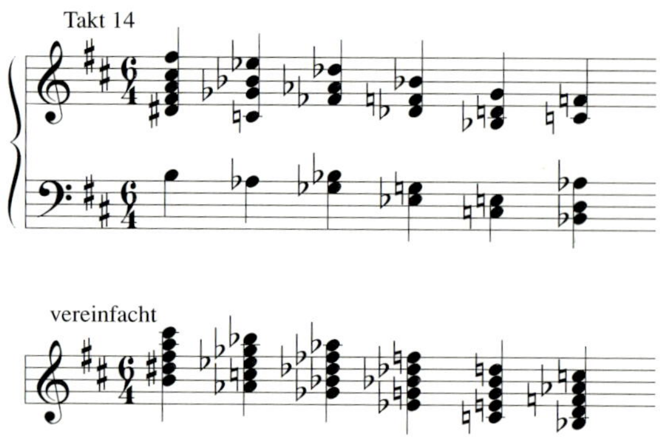

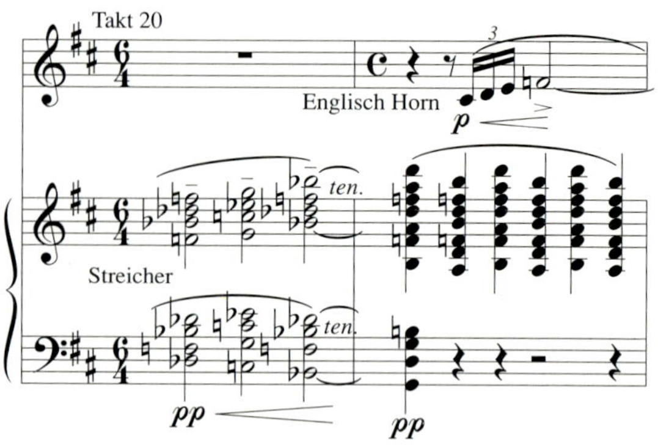

Melodik

Erst durch die Verbindung von Melodik und Harmonik entsteht auch in der impressionistischen Musik, wie in der Romantik der entscheidende Klangcharakter. Dass es nur selten zu ausgebauten Themen im Sinne der klassisch-romantischen Melodiebildung kommt, beruht zum Teil auf dem primär malerischen Gestaltungsprinzip, zum Teil ergibt es sich zwangsläufig aus der Harmoniebildung. (Albrecht 1957)

Bei Debussy finden sich Motive, die für einen Augenblick auftauchen, sich an andere reihen, wieder „zerfließen“, sich aber nie zu ausladenden Themen entwickeln.

✔ Wie bewegen sich in Takt 1 – 3 die Stimmen im Tonraum?
Bestimmen Sie den Grundton des ersten Motivs der „Nuages“.

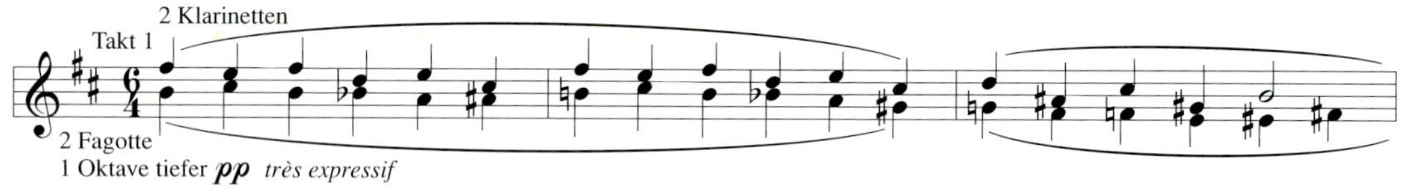

✔ Das Motiv im Englisch Horn (Takt 5–8) ist das zweite Motiv der „Nuages“. Wie ist es mit seinem Tonumfang in das Klangfeld der anderen Instrumente eingefügt?

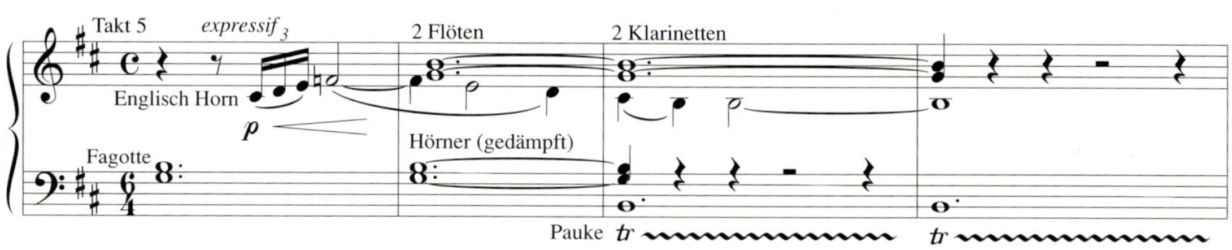

Rhythmik

Der am wenigsten originäre Teilbereich impressionistischer Musik ist die Rhythmik, die sich häufig an Vorbildern der Romantik orientiert. Das Zeitlose, Augenblickliche dieser Musik widerstrebt im Grunde einer exakten Zeitmessung.
Debussy löst sich vom starren Taktschema, indem er in vielen seiner Musikstücke Taktwechsel und alternierende Duolen und Triolen einsetzt.

✔ Das dritte Motiv ist lediglich ein Signal. Bestimmen Sie sein (von Debussy sehr gern verwendetes) Intervall.

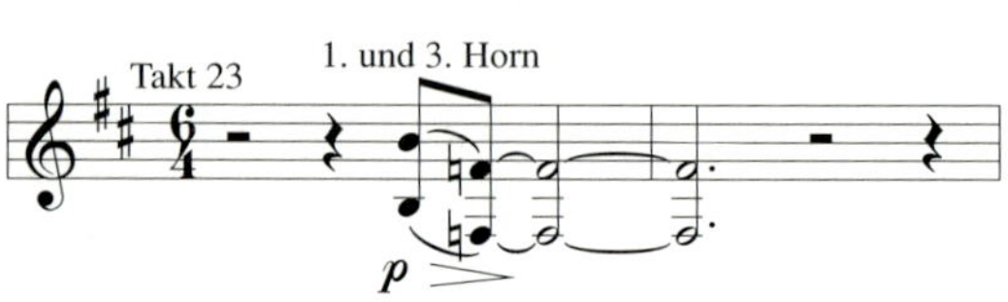

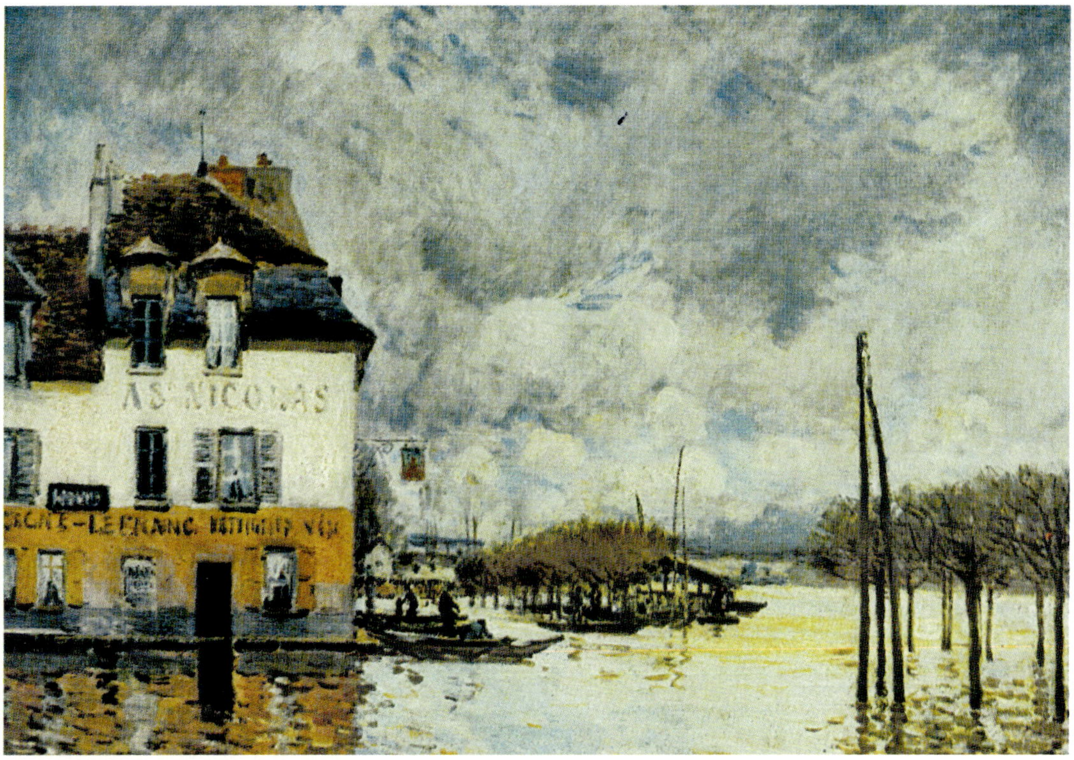

Nuages: das ist der Anblick des unbeweglichen Himmels, über den langsam und melancholisch die Wolken ziehen und in einem Grau ersterben, in das sich weiße Töne mischen.
(Claude Debussy, 1901)

21.1 Alfred Sisley: Überschwemmung in Port-Marly, 1876. Öl auf Leinwand, 60 x 81 cm. Musée d'Orsay, Paris

Klangfarbe – Instrumentation

Das Zusammenwirken von Harmonik, Melodik und Rhythmik ist im Impressionismus mehr als in jeder anderen Stilepoche mit der Klangfarbe bzw. Instrumentierungskunst verbunden. Durch eine fein abgestufte, in vielen Farbnuancen flimmernde Orchestrierung wird der Klangkörper des Orchesters transparent.

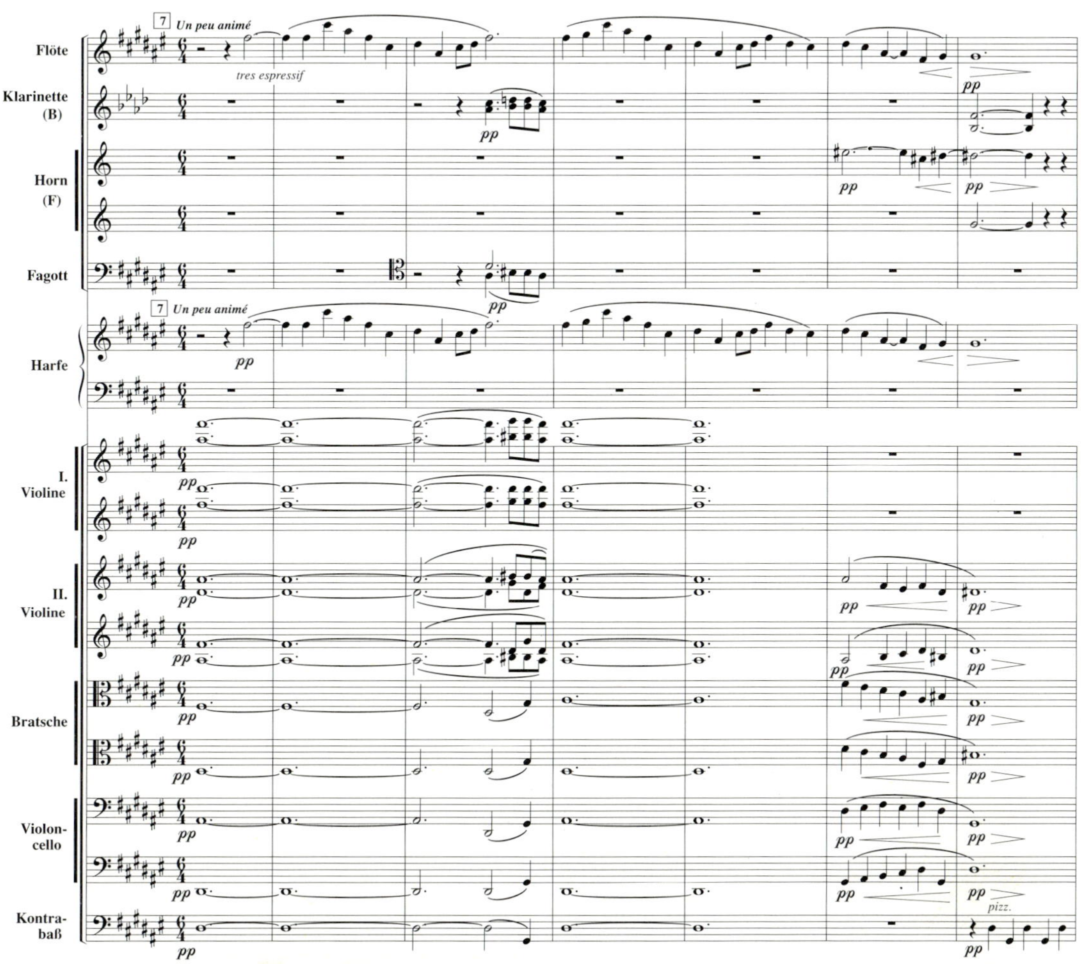

✔ In der Harfe und in der 1. Flöte erklingt das 4. (und letzte) Motiv des Satzes. In welcher Tonart steht es?

✔ Fassen Sie zusammen, wie die übrigen Stimmen dieses melodische Ereignis färben.

✔ Hören Sie sich das Stück „Nuages" (Hörbeispiel 2) ganz bewusst an. Welche bildnerischen Vorstellungen hatten Sie? Welche Farben entsprechen Ihrem Empfinden nach am ehesten dem seelischen Ausdruck dieser Musik? Versuchen Sie Ihr Hörerlebnis in ein gegenständliches oder abstraktes Bild (Aquarell, Tempera) umzusetzen oder einen kurzen Text im impressionistischen Zeilenstil (Lyrik oder Prosa) zu verfassen.

21.2 Claude Debussy: „Nuages", 1900. Auszug. © Eulenburg Ltd., London

Symbol
Das Symbol ist eine Form indirekter Darstellung. (...) Es trachtet, gewisse Züge des Gegenstandes zu verkleiden, indem es andere enthüllt. Das symbolisierte Motiv erscheint stets in neuen Zusammenhängen: zunächst in einem bald rationalen, bald irrationalen Gedankenzusammenhang; dann in einer teils bewussten, teils unbewussten Ideenassoziation; schließlich in verschiedenen persönlichen Erlebniszusammenhängen, die der gleichen objektiven Erfahrung einen jeweils verschiedenen Sinn geben.
(Hauser 1972)

Symbolismus
Der Begriff, 1886 von Jean Moréas geprägt, wurde von der französischen Literatur auf die Malerei übertragen. Gemeinsames Wesensmerkmal ist, Gegenbilder zur sichtbaren und rational erforschbaren Wirklichkeit zu gestalten. Es sind starke, durch Traum und Imagination inspirierte Bilder, die aufzeigen, dass noch eine andere, verborgene Wirklichkeit denkbar oder sogar als existent anzunehmen ist. Diese andere Welt existiert zunächst aber nur dadurch, dass sie unsere rational erfahrbare Welt infrage stellt, indem sie alle bekannten Dinge in anderen, neuen Zusammenhängen sieht.

1
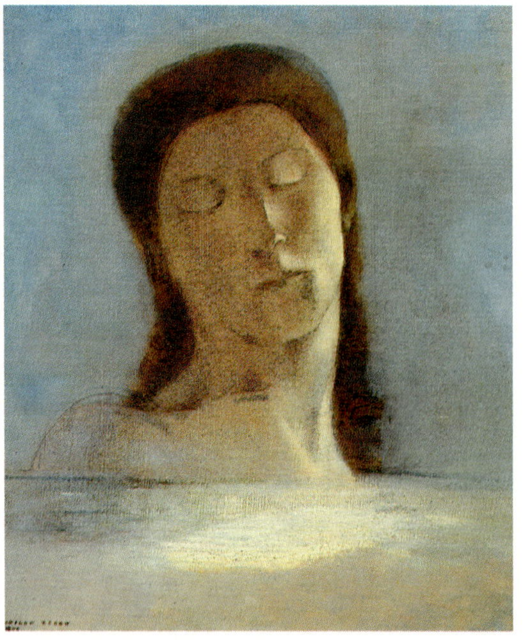

22.1 Odilon Redon: Geschlossene Augen, 1890. Öl auf Leinwand, 44 x 36 cm. Musée d'Orsay, Paris

... irgendwie war das Ende des Jahrhunderts bereits in den Achtzigerjahren mit einem Lustspieltitel von 1888 zum „Fin de siècle" degeneriert, zu einer Übergangs- und Umbruchszeit, die ins Chaos führen konnte. „Der unmenschliche Charakter der Großstadt" (Benjamin) sprach sich herum (...).
Wer die Signale aufnahm, den befiel „Ennui", was wörtlich Überdruss bedeutet, doch in Wahrheit (so der Kritiker Wolfgang Pehnt) den Sturz ins Bodenlose meinte: „Leere, Entblößtsein von allem, ein Seelenzustand, in dem sich nicht der Wunsch eines Wunsches, nicht der Traum eines Traumes regte, ein weiter Himmel, grau von Tristesse." (...)
Jeder Impuls, der Geist bezeugte und nichts mit simpler Abbildung zu tun hatte, war ihnen (den Künstlern des Symbolismus) *recht: Ihr Glaube an die künstlerische Brauchbarkeit von Metapher, Allegorie, Mythos, Traum, Mystizismus und Geheimnis machte den Symbolismus nach Meinung des Kunsthistorikers Jean Cassou zum „großen geistigen Phänomen der letzten 20 Jahre des 19. Jahrhunderts."*
(Nemeczek 1994)

2
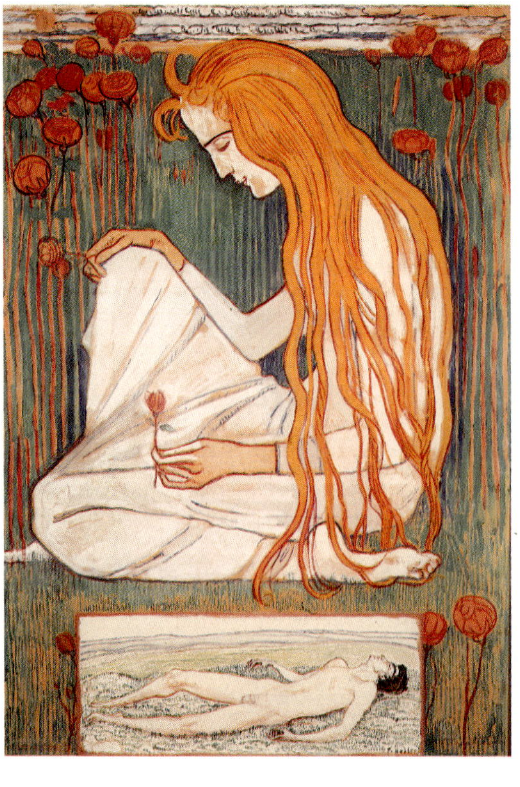

22.2 Ferdinand Hodler: Der Traum, 1897. Mischtechnik auf braunem Papier, 88,6 x 69,7 cm. Zürich, Privatsammlung

Im Gegensatz zum Impressionismus, einer wesentlich malerischen Bewegung, ist der Symbolismus in den Bildenden Künsten der visuelle Ausdruck einer literarischen und geistigen Strömung, die unter verschiedenartigen Einflüssen steht. Durch ihre Bestrebungen wird sie veranlasst, Bereiche zu erforschen, die bisher kaum gestreift worden waren: die Bereiche des Traums und der Vorstellungswelt, des Fantastischen und des Irrealen, der Magie und der Esoterik, des Schlafes und des Todes.
(Cassou, o. J.)

1891 schreibt der symbolistische Dichter Stéphane Mallarmé (1842–1898):
Einen Gegenstand bei seinem Namen zu nennen bedeutet, drei Viertel des Genusses an dem Gedicht zu zerstören, der in der Freude des allmählichen Verstehens liegt, den Gegenstand nur andeuten, das ist der Traum. Der vollendete Gebrauch dieses geheimen Wunders, das den Symbolismus ausmacht, liegt darin, einen Gegenstand nach und nach aufzudecken um einen Seelenzustand anzudeuten oder umgekehrt, einen Gegenstand zu wählen und aus ihm eine Seelenlage durch eine Reihe von Entzifferungen abzuleiten. Hierbei ist wichtig zu wissen, dass sowohl in Dichtung wie Malerei die Darstellung der Bildgegenstände weniger wichtig ist, sondern vielmehr das, was sie an tiefsinniger und geheimnisvoller Bedeutung suggerieren.

Schlaf und Traum eröffnen Verbindungen zu einer anderen Welt und sind daher häufig dargestellte Zustände in der symbolistischen Malerei.
Odilon Redon (1840–1916) hat sich zu seinem Bild „Geschlossene Augen" (22.1) von den Augen des „Sterbenden Sklaven" von Michelangelo im Louvre anregen lassen.

Der Schweizer Maler Ferdinand Hodler (1853 –1918) verbindet in seinem Bild „Der Traum" (22.2) dieses Thema mit der schöpferischen Fantasie.
Dieses Schlüsselwerk des Hodlerschen Symbolismus veranschaulicht in seiner expressiven Liniengestaltung und der ornamentalen Stilisierung der Bildgegenstände eindrucksvoll den stufenlosen Übergang vom Symbolismus zum Jugendstil.
Der „Traum" ist hier Ausdruck der Liebessehnsucht, die Trennung der beiden Figuren im Bilde verdeutlicht die Spannungen zwischen Mann und Frau. Während die Blume die abwartende Zurückhaltung der Frau symbolisiert, wendet sich der Mann in angespannter Haltung, in einer Art schöpferischem Traum, dem Objekt seiner Sehnsucht zu.

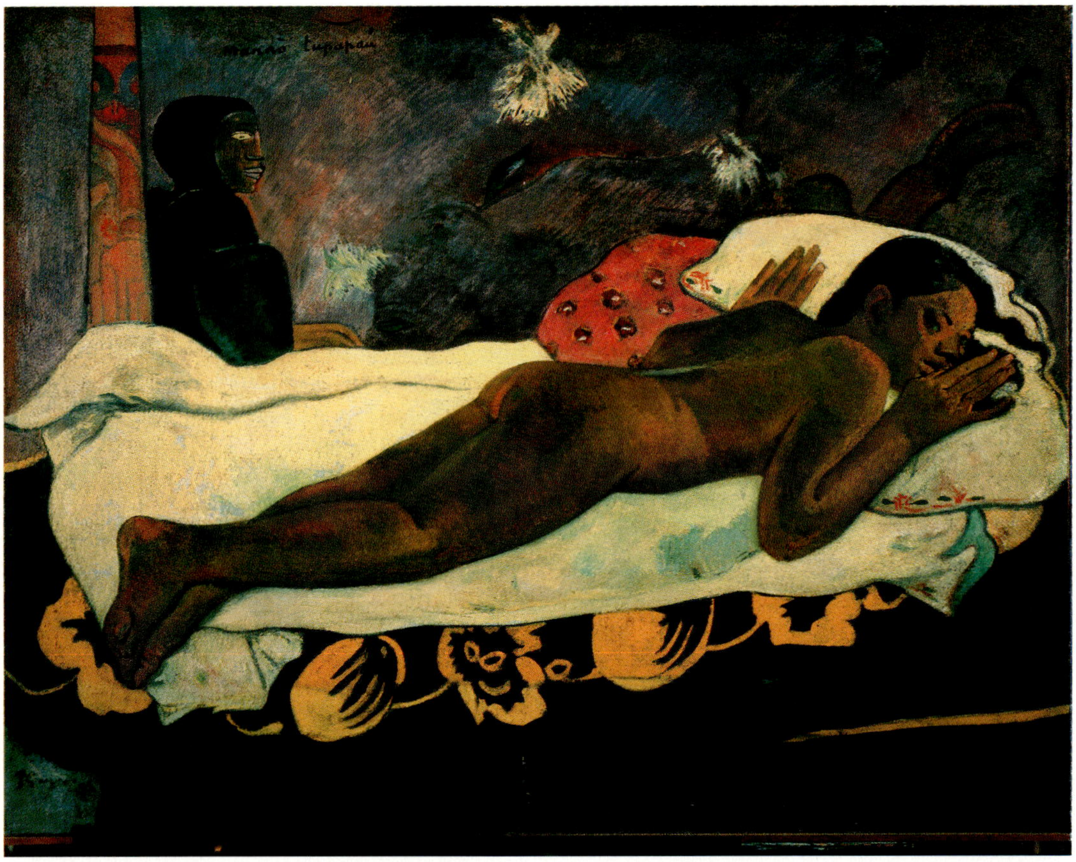

23 Paul Gauguin: Der Geist der Toten wacht („manao tupapau"), 1892 . Öl auf Leinwand, 73 x 92 cm. Albright Knox Art Gallery, Buffalo NY

Paul Gauguin (1848/Paris – 1903/Atuoma Hiva-Oa, Tahiti) schrieb über die Entstehung seines wohl bedeutendsten symbolistischen Bildes, das er auf Tahiti malte:

Ich beginne mit dem liegenden Akt ohne eine andere Absicht, als einen Akt zu machen, wobei aber ein gewisser Ausdruck des Schreckens an dem Mädchen mich fesselt und ich an den kanakischen Geist und Charakter denken muss. Das suggeriert mir eine Farbengebung, die düster, traurig und erschreckend ist, die einen trifft wie Totengeläut.
In dem Tuch des Lagers gewinnt das Gelb einen eigentümlichen Charakter, es suggeriert die Vorstellung von künstlichem Licht in der Nacht und ersetzt dadurch das Licht einer Lampe, das zu banal wäre. Das Gelb bildet auch einen Übergang zwischen zwei anderen Farben und vervollständigt den musikalischen Akkord des Bildes.
Der dekorative Sinn führt mich dazu, den Hintergrund mit Blumen zu besäen. Diese bekommen Farben wie Phosphoreszensen in der Nacht, denn nun verdichtet sich der literarische Teil des Bildes: Nächtliche Phosphoreszensen bedeuten für den Eingeborenen, dass der Geist der Toten anwesend ist. Das Erschrecken des Mädchens ist jetzt inhaltlich erklärt.
Der musikalische Teil, horizontale ondulierende Linien, Akkorde von Orange und Gelb, Blau und Violett und deren Ableitungen, erhellt durch grünliche Funken, wird Äquivalent des literarischen Teils: der Geist eines Lebenden verbunden mit dem Geist eines Toten.

Das Schlüsselwort „Traum" ist für die Künstler des Symbolismus gleichbedeutend mit einem bestimmten und unveräußerlichen Vertrauensverhältnis zu ihrer kreativen Fantasie. Ihr Traum ist erfinderisch, originell, schöpferisch, Neues schaffend und nicht zu verwechseln mit Träumerei. Das Malerische, Musikalische und Literarische verdichten sich im symbolistischen Kunstwerk zu einer synästhetischen Einheit.

Eine musikgeschichtlich umrissene Stilepoche des „Symbolismus" gibt es nicht. Nicht zu übersehen ist jedoch, dass es enge menschliche und künstlerische Verbindungen von symbolistischen Schriftstellern und Malern zu zeitgenössischen Musikern gab.
Besonders die Wirkung symbolistischer Literatur und Malerei auf die Musik ist augenfällig: So weist die sich herausbildende „sinfonische Dichtung" (vgl. S. 28) in ihrer „poetisch" gefärbten Melodik, in der differenzierten Harmonik, in ihren Leitmotiven und literarischen Programmen symbolistisch-synästhetische Wesenszüge auf.

Die symbolistische Dichtung sucht die Idee mit einer sinnlich-wahrnehmbaren Form zu bekleiden, die gleichwohl nicht ihr Ziel in sich selbst, sondern eine untergeordnete Bedeutung hat, indem sie ausschließlich dazu dient, die Idee auszudrücken. Die Idee ihrerseits darf nicht ohne den prachtvollen Schmuck äußerer Entsprechungen erscheinen, denn das wesentliche Merkmal der symbolistischen Kunst besteht darin, niemals bis zum Erfassen der Idee an sich vorzudringen.

(Jean Moréas: Manifest des Symbolismus, 1886)

✓ Was unterscheidet die Malerei des Symbolismus von der zeitgleichen Malerei des französischen Impressionismus? Ziehen Sie hierzu die Ausführungen auf den Seiten 8 und 9 heran.

✓ Welches Verständnis von Lyrik kommt in dem Zitat des symbolistischen Dichters Stéphane Mallarmé zum Ausdruck?

✓ Vergleichen Sie die beiden „Traum-Bilder" von Redon und Hodler. Was faszinierte die Künstler am Phänomen „Traum" und wie haben sie es umgesetzt?

✓ Warum lässt sich das Bild von Paul Gauguin „Der Geist der Toten wacht" als ein typisches Werk des Symbolismus bezeichnen?

Die „Toteninsel“ gehört zu Arnold Böcklins bekanntesten und populärsten Schöpfungen und zu denen der Kunst des ausgehenden 19. Jahrhunderts überhaupt. Von insgesamt fünf eigenhändigen Fassungen dieser Bildidee sind noch vier erhalten, die vierte Fassung ist seit dem Ende des Zweiten Weltkrieges verschollen.
Den Auftrag für dieses Bild erteilte die Kunstsammlerin Marie Berna aus Frankfurt, die den Maler im April 1879 in dessen Florentiner Atelier aufgesucht und sich von ihm ein „Bild zum Träumen“ gewünscht hatte. Die erste Fassung, die Böcklin zunächst unvollendet ließ, ist heute im Besitz des Kunstmuseums in Basel. An Marie Berna schrieb Böcklin zur zweiten, im Format etwas kleineren Fassung:
Sie werden sich hineinträumen können in die dunkle Welt der Schatten, bis Sie den leisen Hauch zu fühlen glauben, der das Meer kräuselt, bis Sie die Scheu haben, die feierliche Stille durch ein lautes Wort zu stören.
Ursprünglich wollte der Maler seinem Bild keinen Titel geben. Später erst hat er es „Stiller Ort“, „Stilles Eiland“ und „Gräberinsel“ genannt. Den Titel „Toteninsel“ prägte der Berliner Kunsthändler Fritz Gurlitt, bei dem Böcklin seit den 80er-Jahren unter Vertrag stand.
Der erste Eindruck des Bildes ist auch für den heutigen Betrachter noch von faszinierender Wirkung. Aus der glatten, reglosen, schwarzen Wasseroberfläche erhebt sich unvermittelt steil und schroff eine mit hoch aufragenden, schlanken, schwarzgrünen Zypressen bewachsene Felseninsel in den dunklen Nachthimmel. In das vom Mondlicht beschienene, braune Felsmassiv sind streng gefügte Architekturelemente (Grabkammern), Terrassen und blendend weiße, kubische Baukörper integriert.
In der unteren Hälfte der Bildmitte öffnet sich dem Betrachter der Einblick in eine kleine Bucht, deren Eingang von einzelnen großen Felsbrocken gesäumt ist. In diese dunkle Bucht der Insel fährt durch einen schmalen Eingang ein Boot, das von einer hinten sitzenden Person mit zwei Rudern bewegt wird. Vor ihr steht, statuarisch hoch aufgerichtet, eine mumienartig in weiße Tücher gehüllte menschliche Gestalt, die ihren Schatten auf eine ebenfalls mit weißen Tüchern bedeckte, quer gestellte Bahre wirft. Das in die Bucht einfahrende Boot bildet das einzige Bewegungsmotiv in einem sonst vollkommen unbewegten, ruhigen Umfeld.

Ob eine reale Landschaft Böcklin zu seiner Naturdarstellung angeregt hat, ist nicht mit Sicherheit zu bestimmen. Vermutungen, dass zum Beispiel das Kastell Alfonso von Aragon auf der Insel Iscia oder das Inselchen Pontikonissi bei Korfu den Maler zu dieser Bildidee inspiriert hat, sind allerdings für die Bildaussage sekundär.
Wenn das rätselhafte Eiland sich auch nicht mit einem bestimmten Ort identifizieren lässt, so konnten wir doch feststellen, dass es mediterrane Natur visualisiert. Neben der (...) Landschaft waren es auch archäologische Elemente, welche seit jeher die gebildeten Betrachter in den Bann zogen: die von etruskischen Felsnekropolen inspirierten Grabkammern.
(Zelger 1991)

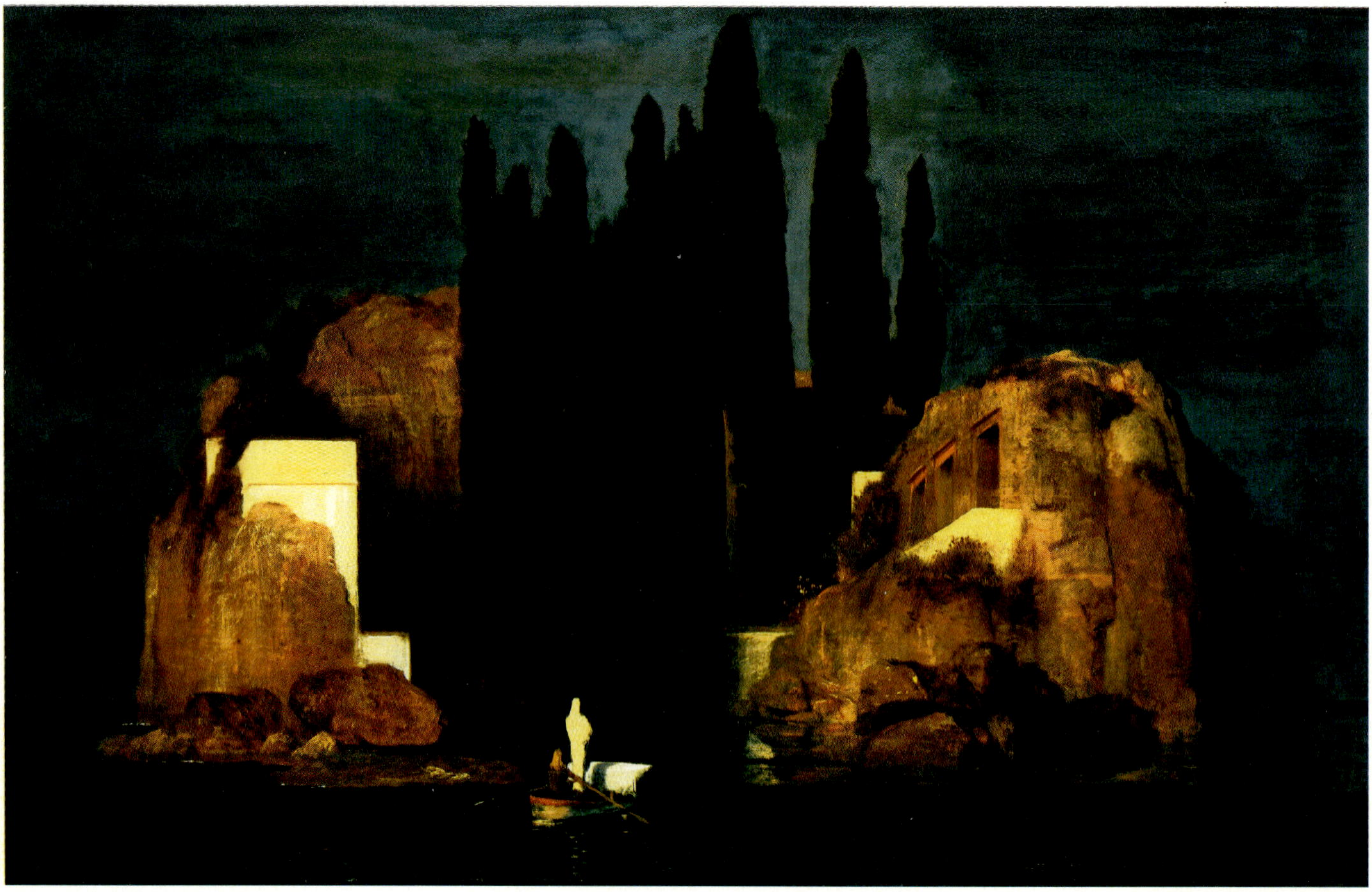

24 Arnold Böcklin:
Die Toteninsel, 1880.
Öl auf Holz, 111 x 155 cm.
Kunstmuseum Basel

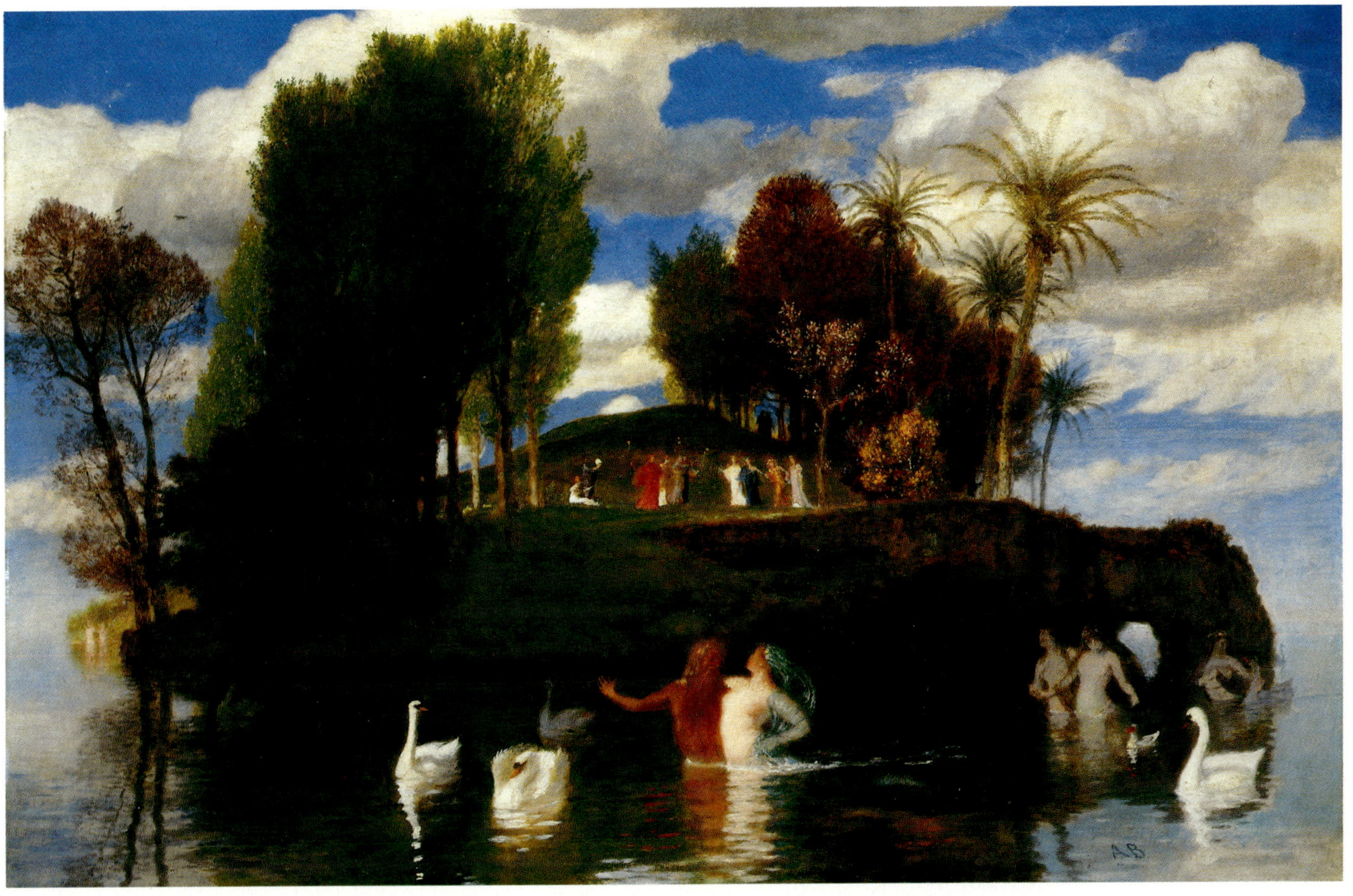

25 Arnold Böcklin:
Die Lebensinsel, 1888.
Öl auf Holz, 94 x140 cm.
Kunstmuseum Basel

Frühere Gemälde Böcklins, z.B. die zahlreichen Versionen zum Bildthema „Villa am Meer", 1864–78, oder die „Ruine am Meer", 1880, weisen bereits verwandte Motive zur „Toteninsel" auf.
Mögliche literarische Anregungen lassen sich im Werk Jean Pauls („Titan", 1803) oder Gottfried Kellers („Der Grüne Heinrich", 1879) nachweisen.

In Böcklins künstlerischem Werk finden sich zwei einander entgegengesetzte Lebenseinstellungen: zum einen eine durchgängig pessimistische Haltung, die ihren Niederschlag in entsprechenden, schwermütigen Bildmotiven und Ausdrucksmitteln findet, zum anderen aber auch einen Wesenszug gelöster, unbeschwerter Heiterkeit.
Seine Vorliebe für Gegensätze und Kontraste veranschaulicht besonders eindrucksvoll die Gegenüberstellung zweier, aufeinander bezogener Landschaftsdarstellungen: die 1880 gemalte „Toteninsel" (Bild 24) und die 1888 vollendete „Lebensinsel" (Bild 25).

Böcklins Bilder sind betretbare Räume, Seelenräume, zeitlich und örtlich nicht fixiert. Sie sind, auch in einer technischen Welt, Einstiegsmöglichkeiten geblieben zu den Schächten des Unterbewussten, Märchen vergleichbar.
Sie sprechen Uraltes in uns an, sie weisen in eine frühmenschliche, kindliche Zeit zurück und spiegeln doch gleichzeitig den Geist der Epoche, in der sie entstanden sind.

(Mutzenbecher 1977)

Wie sahen Böcklins Zeitgenossen sein Bild, was faszinierte sie daran? Sie lebten in der Epoche vor Sigmund Freud und ohne Kenntnis der Möglichkeiten einer psychoanalytischen Interpretation. Sie sahen und bewunderten die „Toteninsel" ohne jedoch ihre tiefere Symbolik wirklich zu verstehen.
Wie wäre es sonst zu erklären, dass Reproduktionen der „Toteninsel" um die Jahrhundertwende in fast jedem bürgerlichen Hause hingen? Seine Bilder wurden wie die Grimmschen Märchen konsumiert, um ihrer geschilderten Anekdoten willen angeschaut, nicht aber unter dem Aspekt der Gestaltungsabsichten Böcklins verstanden.

Nach dem deutsch-französischen Krieg 1870/71 entwickelte sich in Deutschland eine Periode des Wirtschaftswachstums und der Hochindustrialisierung, des Kolonialismus und Großmachtstrebens.
Dieser rapide Entwicklungsprozess stürzte die Wilhelminische Gesellschaft in eine tiefe Krise der Orientierungslosigkeit. Das materialistische Streben nach Besitz und Wohlstand nahm plötzlich einen höheren Stellenwert ein als Bildung und Kultur. Das deutsche Bildungsbürgertum (von Nietzsche „Bildungsphilistertum" genannt), geriet unversehens in das Spannungsfeld zwischen Materialismus des Großkapitals und desolater Armut der Arbeiterschaft und fühlte sich isoliert, enttäuscht, dem Leben entfremdet.
Für viele wurde so die „Toteninsel" zu einer Art Kultbild, einer „Ikone des Weltschmerzes", die die eigene Situation symbolisch zum Ausdruck brachte.

✔ *„Die Farben erstreben Wirkungen, die man mit musikalischen oder dichterischen vergleichen mag."* (Wissmann) Inwiefern kann man in Bezug auf Böcklins „Toteninsel" von musikalischen und dichterischen Wirkungen sprechen?

✔ Der Kunsthistoriker Wölflin schrieb über Böcklins „Toteninsel": *„Ein Mindestmaß an Mitteln ist auf ein Höchstmaß an Wirkung gebracht".* Vergleichen Sie die beiden Bilder „Die Toteninsel" und „Die Lebensinsel" unter diesem Gesichtspunkt.

✔ Versuchen Sie das Bild „Die Toteninsel" so zu interpretieren, wie Sie es verstehen.

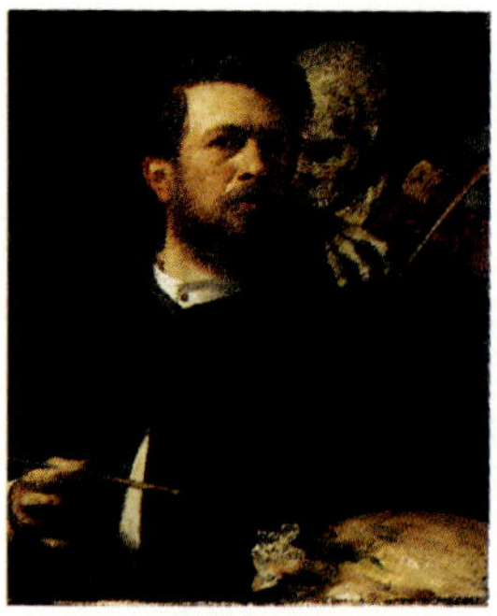
26.1 Arnold Böcklin: Selbstbildnis mit fiedelndem Tod, 1872. Öl auf Leinwand, 75 x 61 cm. Nationalgalerie Berlin

In den letzten zwei Jahrzehnten des 19. Jahrhunderts wurde Böcklin immer populärer. Franz von Stuck und Edvard Munch würdigten seine Bedeutung und Max Klinger schuf Radierungen nach Bildern des Malers. Zu Böcklins 70. Geburtstag fanden zwei große Jubiläumsausstellungen in Basel und Berlin besondere Beachtung. Der Maler wurde nun als der bedeutendste Repräsentant deutscher Kunst und seine Bilder als „Gipfel der Kunst des 19. Jahrhunderts" gepriesen.
Erst als 1905 die Künstler des Expressionismus in Paris und Dresden ihre Bilder einer erstaunten Öffentlichkeit präsentierten und der Kunstkritiker Julius Meier-Graefe sich mit seiner Schrift: „Der Fall Böcklin" kritisch mit dessen Werk auseinander setzte, ließ das Interesse des Kunstmarktes und der privaten Sammler an den Werken Böcklins spürbar nach.
Im ersten Drittel des 20. Jahrhunderts sind es vor allem auch die Surrealisten, Giorgio de Chirico, Max Ernst, Salvador Dalí und Ernst Fuchs, die sich von Böcklins Werken anregen ließen.
In den 30er-Jahren wurde die „Toteninsel" vom Nationalsozialismus vereinnahmt. Adolf Hitler kaufte 1939 die dritte Fassung des Bildes. Statt südlich-klassischer Landschaft sah man darin die stimmungsvolle Seelenlandschaft nordischer Prägung, „eine germanisch-grüblerische Sehnsuchtswelt"; darüber hinaus konnte der Bildtitel mit faschistischer Terminologie in Beziehung gebracht werden.
Böcklins mythische Kraft beruht weniger auf den ausgewählten Motiven, als auf der Fähigkeit des Malers, geschaute und erfundene Natur in solcher Eindringlichkeit wiederzugeben, dass das Resultat die Kraft und die Dichte von Traumbildern besitzt. Dabei bedeutet Traum weder Nebelhaftigkeit noch Flucht: Böcklin als Maler antiker Fabelwesen und der Toteninsel stellt sich seiner Zeit nicht weniger, als wenn er

Arnold Böcklin
(1827/Basel – 1901/San Domenico di Fiesole) studierte von 1841–47 an der Düsseldorfer Kunstakademie. Weitere Studien in Brüssel, Antwerpen, Genf und Paris. Von 1850–57 lebte und arbeitete er als freischaffender Maler in Rom. Danach wechselnde Wohnsitze in München, Zürich, Florenz und Basel. Seinen Lebensabend verbrachte er in seinem Landhaus in S. Domenico bei Fiesole (Florenz). Nach ersten Bildern, die noch in klassizistisch-romantischer Tradition stehen, entwickelte Böcklin nach und nach seinen eigenen Stil, in Abgrenzung zur gleichzeitigen französischen Malerei des Impressionismus, die er ablehnte. Die symbolistischen Bilder seiner Reifezeit sind von intensiver Leuchtkraft der Farben; viele seiner Gestalten entnahm er der antiken Mythologie als Symbole für die in der Natur wirksamen Kräfte.

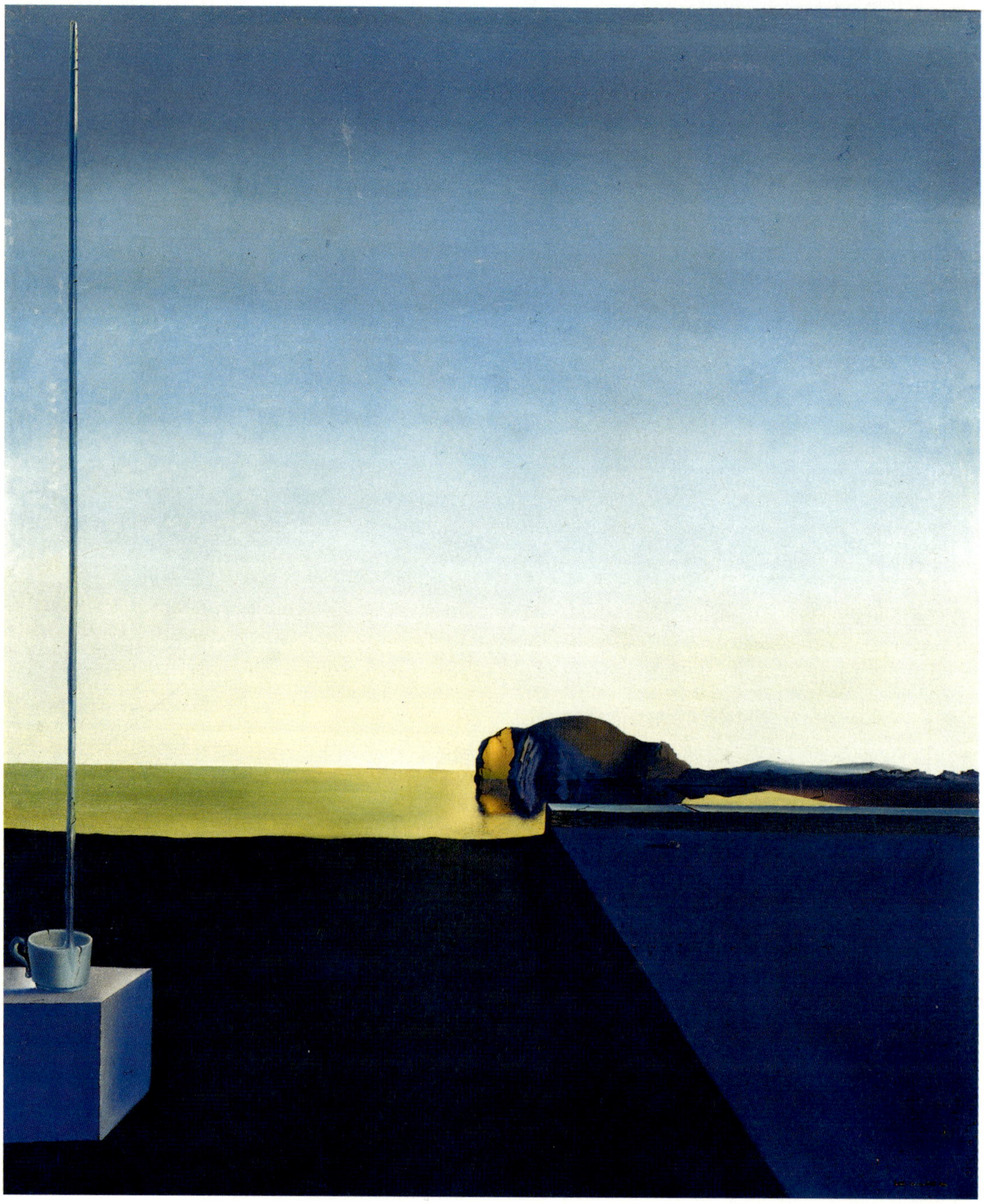
26.2 Salvador Dalí: Das wahre Bild der Toteninsel Arnold Böcklins zur Stunde des Angelus, 1932. Öl auf Leinwand, 77 x 64 cm. Van-der-Heydt-Museum, Wuppertal

an ihrer Stelle Fabrikhallen und Dampflokomotiven wiedergegeben hätte. Denn in Böcklins Bildern spricht unmittelbar das aus dem Bewusstsein seiner Zeit Verdrängte, das, was die gründerzeitlichen Generationen träumten, bevor Sigmund Freud das Messer seiner Analyse ansetzte und einiges davon ans Licht des Bewusstseins hob. Diese Traumwelt besitzt nicht weniger Verbindlichkeit und geschichtliche Bedeutung, als das, was sich am Tage abspielte: ihre Darstellung ist ebenfalls Wirklichkeitsbewältigung, Konfrontation mit einem wesentlichen Teil der geschichtlichen Wahrheit.

(Meyer 1977)

„Den Geist mehrerer Künste in einer zu umfassen und auszudrücken", so formulierte Böcklin eines seiner Hauptziele. Viele seiner Bilder sind aus dem Geist der Musik erschaffen. Sie regen zu freien Assoziationen, zum Nachempfinden an. Er wünschte sich, dass seine Bilder die Seele der Menschen ergreifen, auf sie wirken und in ihnen weiterschwingen sollten wie Musik.

Vielleicht hat niemals eine andere Kunst vor Böcklin an dieses rätselhafte Wesen der Musik herangereicht, das sie, wie Schopenhauer sagt, als ein ganz Vertrautes und doch ewig fremdes Paradies an uns vorüberziehen lässt.

(Simmel 1922)

Trägerin der musikalischen Stimmungen ist bei Böcklin vor allem die Landschaft. Hierin steht er noch ganz in der Tradition romantischer Landschaftsauffassung. Seine Bilder können als eine letzte Vollendung einer nahezu hundert Jahre dauernden engen Verbindung von Malerei, Musik und Dichtung gesehen werden. Nicht von ungefähr spielen viele seiner in Landschaften integrierten Figuren auf Musikinstrumenten. „Kunstmusik und Naturmelodie" sind nach Böcklins eigener Äußerung untrennbar und eigentlich identisch, denn es war seine Absicht, im Betrachter musikalische Stimmungen und Wirkungen hervorzurufen. Die „Toteninsel" hat zahlreiche Musiker in ihren Bann gezogen und zu eigenen Schöpfungen angeregt (vgl. S. 28ff.).

Symbolist kann nur sein, wer Wagnerianer ist – dieses Postulat kennzeichnet die Überzeugung einer Vielzahl vor allem französischer Künstler gegen Ende des 19. Jahrhunderts. Zu den Ausgangspunkten dieser Strömung innerhalb der Wirkungsgeschichte Richard Wagners gehört die Pariser Erstaufführung der Oper „Tannhäuser" im Jahre 1861. Sie wurde zwar zu einem Theaterskandal und für bestimmte Kreise gehörte es von nun an zum guten Ton, Wagner-Aufführungen auszupfeifen; Dichter wie Charles Beaudelaire dagegen begeisterten sich für Richard Wagner. Vor allem kamen Wagners Themen der Erlösungssehnsucht (Der fliegende Holländer, Parsifal) und der Verbindung von Liebe und Tod (Tristan und Isolde) den Empfindungen der Symbolisten entgegen. An „Lohengrin" faszinierte Wagners Deutung des Stoffes als Sinnbild für die Einsamkeit des Künstlers in einer von Wissenschaftlichkeit zersetzten glaubens- und empfindungslosen Zeit.

(Wetzel 1967)

Obwohl Arnold Böcklin keineswegs von Wagners Musik begeistert war und z.B. auch die Bitte Cosima Wagners ablehnte, für das Bühnenweih-Festspiel „Parsifal" in Bayreuth Bühnenbilder zu gestalten, kann man doch von einer inneren Verwandtschaft der Malerei Böcklins mit der Musik Wagners sprechen, man hat Böcklin sogar als den Richard Wagner der Malerei bezeichnet. Nicht von ungefähr hat der Bühnenbildner Richard Peduzzi in Patrice Chéreaus Bayreuther Walküren-Inszenierung 1976–80 die „Toteninsel" als Bild-Idee zu diesem Musikdrama gewählt.

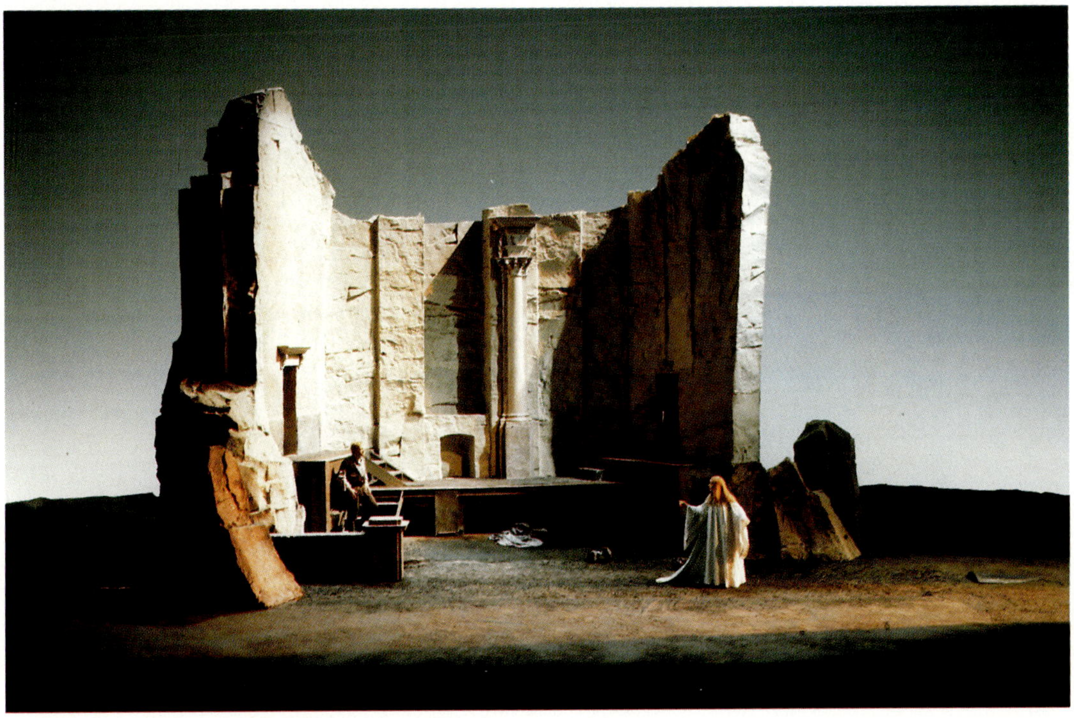

- ✓ Kann man sagen, dass sich Böcklin als Maler der „Toteninsel" seiner Zeit wirklich nicht weniger stellt, als wenn er wie z.B. Monet Dampflokomotiven wiedergegeben hätte?
- ✓ Vergleichen Sie Böcklins „Toteninsel" mit der Toteninsel-Version Salvador Dalís.
- ✓ Versuchen Sie selbst ein kleines Bühnenbild-Modell zum Motiv „Toteninsel" herzustellen oder setzen Sie sich kreativ-produktiv (Zeichnung, Malerei, Collage) mit dem Motiv „Toteninsel" auseinander.

27 Richard Peduzzi: Bühnenbild für Patrice Chéreaus Bayreuther „Ring"-Inszenierung von 1976–1980

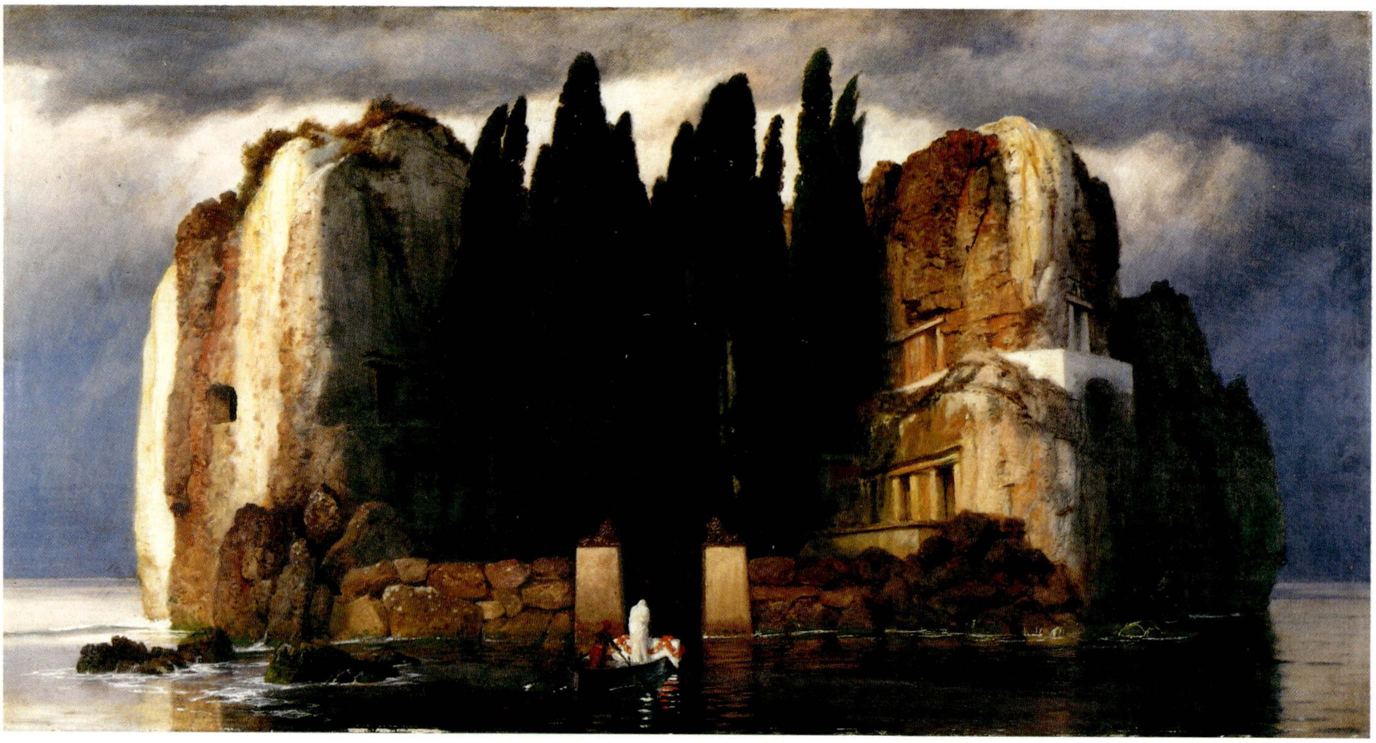

28 Arnold Böcklin: Die Toteninsel, 5. Fassung, 1886. Öl auf Holz, 80 x 150 cm. Museum der Bildenden Künste, Leipzig

Sinfonische Dichtung
Um 1850 von Franz Liszt entwickelte musikalische Gattung, die mit Tradition und Form der Sinfonie bricht. Im Gegensatz zu dieser ist sie einsätzig und bezieht die musikalische Darstellung poetischer Ideen, Bilder und Handlungsabläufe mit ein. Damit steht sie der Programmmusik nahe.

Die Umwandlung visueller Eindrücke in die Musik hat eine jahrhundertelange Tradition. Dass Gemälde aber zum Thema musikalischer Kompositionen wurden, ist ein Phänomen, das sich erst im 19. Jahrhundert entwickelte.
Diese neue Erscheinung verlief parallel zu der Entwicklung der Programmmusik durch den Komponisten Franz Liszt.
Die Besonderheit Liszt'scher Musik zeichnet sich dadurch aus, dass sie den Klang nicht als Nebensache behandelt, sondern als entscheidenden Baufaktor der Musik betrachtet. Der Klang wird zur primären Idee seines gesamten Schaffens.
(de la Motte-Haber, 1990)

Böcklins „Toteninsel" hat mehrere Komponisten zu musikalischer Bearbeitung inspiriert. Für drei von ihnen wurde die fünfte Fassung aus dem Jahr 1886 (Bild 28) zum Vor-Bild: Andreas Hallén (1889), Sergej Rachmaninow (1909) und Max Reger (1913).

Andreas Hallén
(1846/Göteborg – 1925/Stockholm)
Studierte von 1866 bis 1871 in Leipzig, München und Dresden Musik. Als Komponist, Dirigent, Gesangspädagoge und Zeitungskritiker erreichte Hallén in den Jahren zwischen 1875 und 1905 eine führende Stellung im schwedischen Musikleben. Der Stil seiner Werke, darunter Opern, Schauspielmusik, Chor- und Kammermusik ist zwischen deutsch-romantischer Klangfülle (beeinflusst vor allem durch Richard Wagner) und national schwedischer Charakteristik einzuordnen. Außer Böcklins Bild, das Hallén vermutlich im Leipziger Kunstmuseum gesehen hatte, war für seine 1898 als opus 46 komponierte Sinfonische Dichtung „Toteninsel" das gleichnamige Gedicht von Eugen von Enzberg ausschlaggebend.

Bei Dämmerschein nach fernen Welten
der blauen Fluten stille Bahn
lässt sacht in Traumesbanden gleiten
geheimnisvoll den schwankenden Kahn.
Es darf kein Wasserspiegel rühren,
kein Windeshauch, kein Ruderschlag.
Als Fährmann stumm den Nachen führen,
der Tod zum Felseneiland mag.

Zypressen rauschen, Harfen klingen,
im heil'gen Haine singt ein Chor.
Der Geist entfaltet seine Schwingen,
befreit zum Licht, er wallt empor!
Auf Kampf und Streit folgt Sabbatwonne,
nun endet Trauer, Klage, Pein,
nun haucht der Wahrheit Strahlensonne
ins Herz des Friedens Balsam ein.

Eugen von Enzberg

Sergej Rachmaninow

Das riesige, alle Musiksparten umfassende Gesamtwerk Rachmaninows könnte zu dem Schluss führen, ihn als einfallsbegnadeten Vielschreiber zu bezeichnen. In Wirklichkeit war er – wie Tschaikowsky – von Selbstzweifeln geplagt und hatte neben langen Phasen völliger kompositorischer Untätigkeit häufig mit dem Vollenden seiner Werke zu kämpfen.
Am 8. März 1909, während seiner wochenweisen Aufenthalte in Dresden und mitten in der Arbeit an der sinfonischen Dichtung „Die Toteninsel" op. 29 schrieb er:
Meine Meinung über die neuen Werke ist dieselbe, d. h. sie gelingen mir schwer, und ständig bin ich unzufrieden. Es ist eine einzige Qual.

(Biesold 1991)

Vielleicht hat es ihn Mühe gekostet, die dem Böcklin-Bild innewohnende Verschlüsselung von Ruhe und Erhabenheit einerseits sowie von Ergriffen- und Aufgewühlt-Sein andererseits in einen sinfonischen Zusammenhang zu übersetzen.
Der sanft wiegende 5/8-Takt-Rhythmus der Anfangstakte symbolisiert die Wasserwellen und vielleicht den Ruderschlag des Kahns, der auf die Insel zusteuert (vgl. Hörbeispiel 4). Darüber entfaltet sich ein fließender Orchestersatz, dessen melodischer Kern aus der ersten Zeile des „Dies irae" (aus dem gregorianischen Requiem) genommen ist und in weitem Bogen gesteigert wird.
Nach dem Höhepunkt fällt der Satz wieder in die Anfangsstimmung zurück, möglicherweise ein Zeichen fatalistischer Resignation, die häufig in Rachmaninows Werken anzutreffen ist.

Max Reger

Die Tondichtung „Die Toteninsel" ist der 3. Satz aus Max Regers op. 128 „Vier Tondichtungen für großes Orchester nach Arnold Böcklin". Das Werk, auch „Böcklin-Suite" genannt, entstand im Frühsommer 1913 und wurde am 10. Oktober desselben Jahres in Essen uraufgeführt.
Der Ausspruch des Komponisten Richard Strauss (vgl. S. 40ff.) *„Reger, noch ein Schritt und Sie sind bei uns"*, bezieht sich auf den sinfonischen Dichtungscharakter der Musik und unterstellt, Reger sei dem Lager der Verfechter der absoluten Musik untreu geworden, weil zur Inspiration seiner Komposition Hilfe von außen (das Bild Böcklins) nötig gewesen sei. Durch die Werkbezeichnung „Tondichtung" hatte Reger selbst dieser Sichtweise Vorschub geleistet.

Regers Verehrung gegenüber Böcklin ist durch den italienischen Maler Giorgio de Chirico belegt, der diese Vorliebe im Haus des Komponisten entdeckte. Mehrmals hat er seinen Bruder, der Kompositionsschüler Regers war, dorthin begleitet. Während des Unterrichts saß Giorgio im Wohnzimmer und vertrieb sich die Zeit am liebsten damit, ein großes Album mit prächtigen Reproduktionen Böcklinscher Gemälde zu betrachten, das dem Musiker gehörte und Spuren häufiger Lektüre trug.
Regers Begeisterung für die „Toteninsel" zeigt auch eine Postkarte aus Obersee (Bild 29.1), die er 1898 an seinen Freund Adalbert Lindner schickte und die an Böcklins Bild erinnert. Auf die Karte hatte er geschrieben:
„Dieser See in Natur gesehen – ist meine Musik! Bitte Dich, betrachte die Karte genau!"

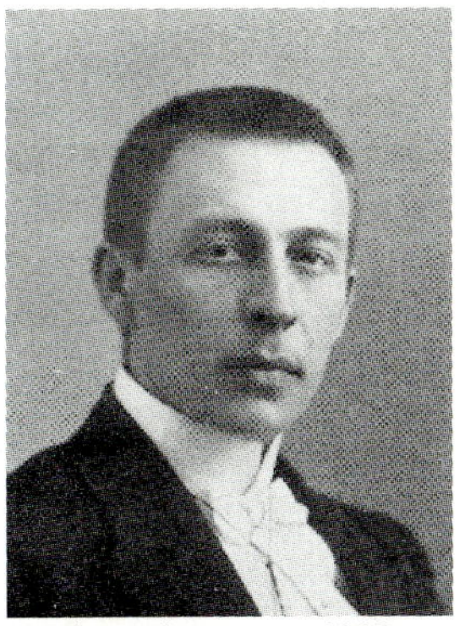

Rachmaninow, um 1910

Sergej Rachmaninow
(1873/Oneg – 1943/Beverly Hills)
beendete bereits mit 19 Jahren vorzeitig und mit höchster Auszeichnung sein Studium am Moskauer Konservatorium und arbeitete als Klavierlehrer und Dirigent. Er hinterließ eine enorme Anzahl von Kompositionen, darunter vier Opern, drei Sinfonien und vier Klavierkonzerte. Stilistisch stand Rachmaninow stark unter dem Einfluss von Tschaikowsky, der ihn schätzte und förderte.

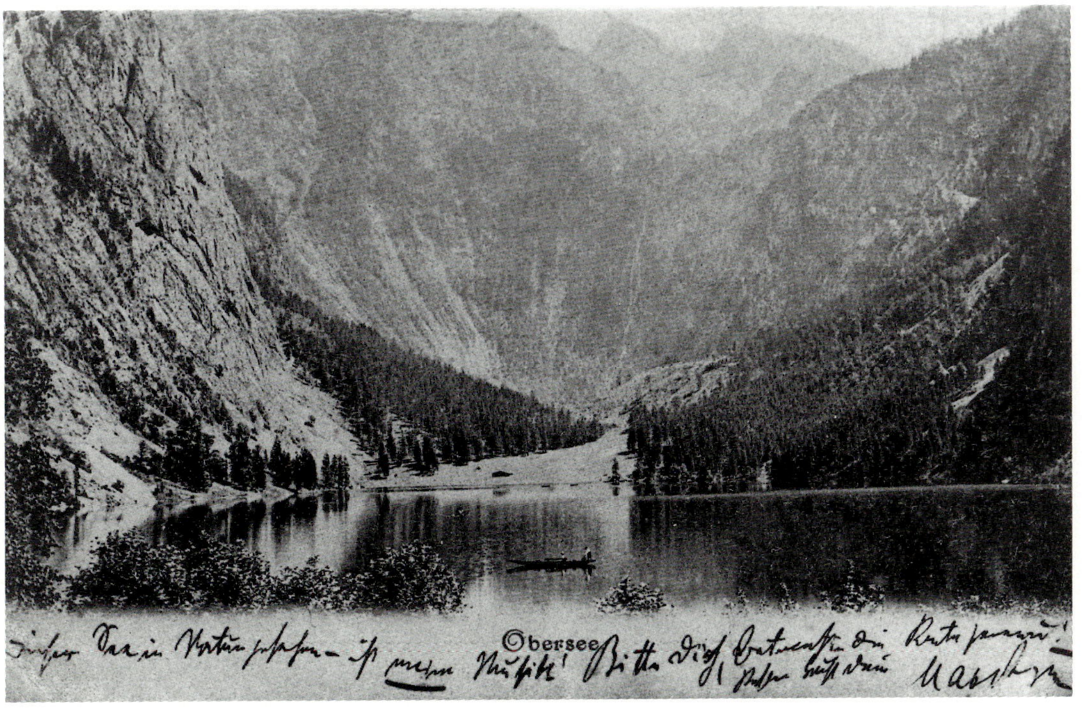

✔ Wodurch unterscheidet sich die 5. Fassung der „Toteninsel" von der ersten (vgl. S. 24)?

✔ Vergleichen Sie die Aussage des Gedichtes von Enzberg mit Böcklins Bild.

✔ Vergleichen Sie die ersten vier Zeilen dieses Gedichtes mit der musikalischen Exposition der Tondichtung Halléns.
Mit welchen Mitteln hat der Komponist versucht den sprachlichen Bildern musikalisch Ausdruck zu verleihen?

29.1 Max Reger: Postkarte von Obersee, 1898

Max Reger: Die Toteninsel.
Aus der „Böcklin-Suite“,
op. 128, 1913

Ausschnittsrahmen 1

1.1 Halbtonschritte, tonartfremde Töne, chromatische Rückung von cis-Moll nach c-Moll

1.2 Rhythmen in Kontrabass und Pauke (durch *poco marcato* herausgehoben).
Zusätzlich zu 1.1 und 1.2: Dynamik, d. h. Lautstärke und spieltechnische Anweisungen: con sordino (mit Dämpfer), pizz. (pizzicato, gezupft), und divisi (nach der Stimmgruppe aufgeteilt)

Ausschnittsrahmen 2

wird geprägt von der melodischen Aufwärtsbewegung in c-Moll mit dem übermäßigen Sekundschritt as–h und dem Schließen durch den Tonschritt aufwärts.
Zusätzliche Spielanweisungen: ppp, divisi, tremolo (zitternd), d.h. schnelle Streichbewegungen.

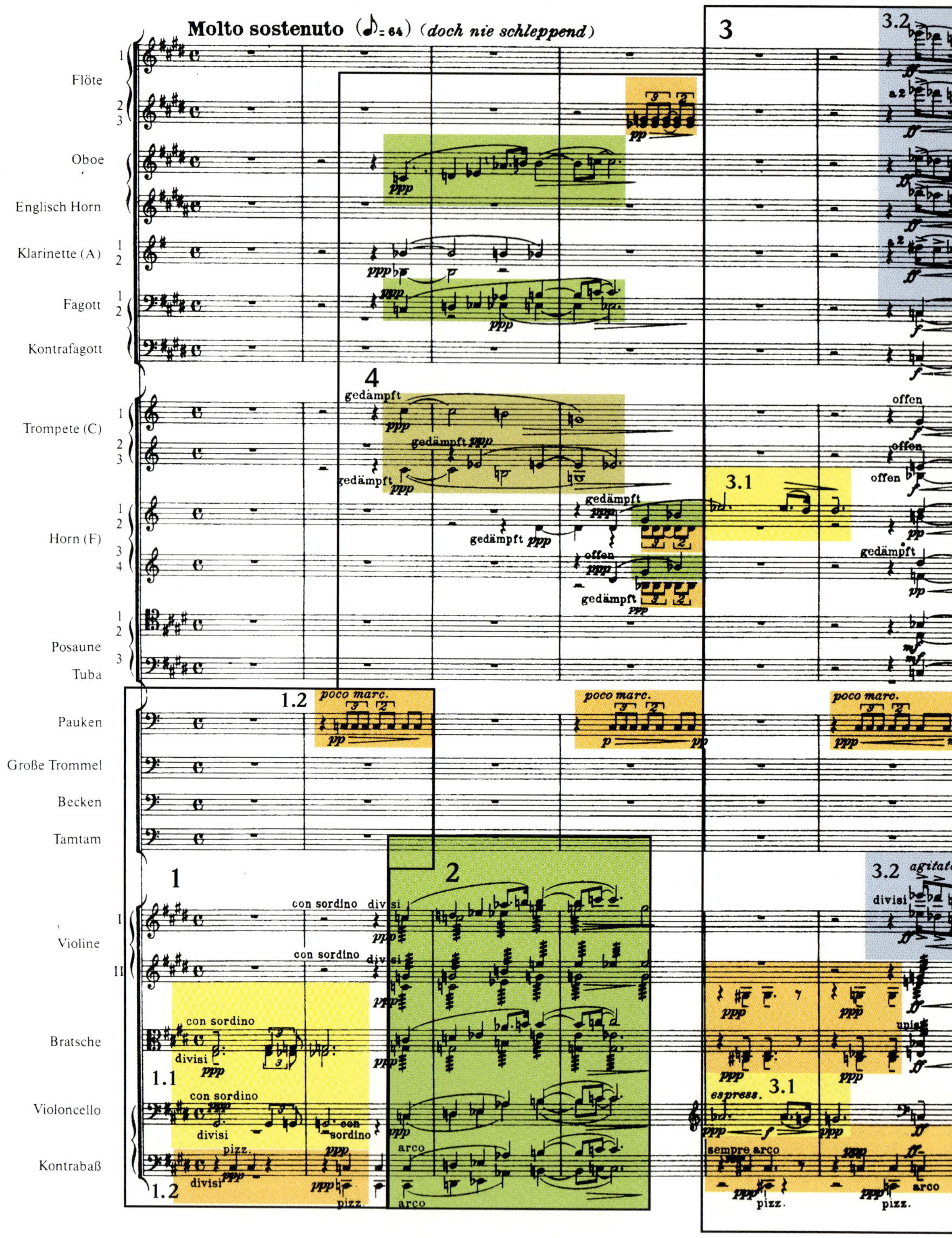

... In der „Toteninsel“ wechselt öde, trostloseste Verzweiflung mit rasenden Schmerzensausbrüchen – am Schluss dann eine große Verklärung; merkwürdig, dass gerade die schauerlichste Musik auf das Publikum solch großen Eindruck machte ...
(Reger nach der Uraufführung an Herzog Georg II von Sachsen-Meiningen, 1913)

Gestern ward Max Regers Böcklin-Suite aus der Taufe gehoben (...). Die Kunde vom Böcklin-Werk hörten viele mit Misstrauen, denn alles andere glaubten sie sich bei Reger, dem allerpersönlichsten Ich-Musiker, verstehen zu können, als einer solchen Tondichtung. Eines Stückes, das, von Gemälden angeregt, sich auf eine breitere Basis der Empfindungen stellt und mit Regers bisherigen Mitteln nicht zu schaffen war. (...) Wenngleich, auf den ersten Blick gesehen, der Anschluss an die malende Programmmusik vollzogen scheint – Reger bleibt im Grunde, was er war: Ein Empfindungsmusiker und er wird zum Schilderer nur dort, wo es der Rahmen fordert. (...)
(Essener Generalanzeiger, 13.10.1913)

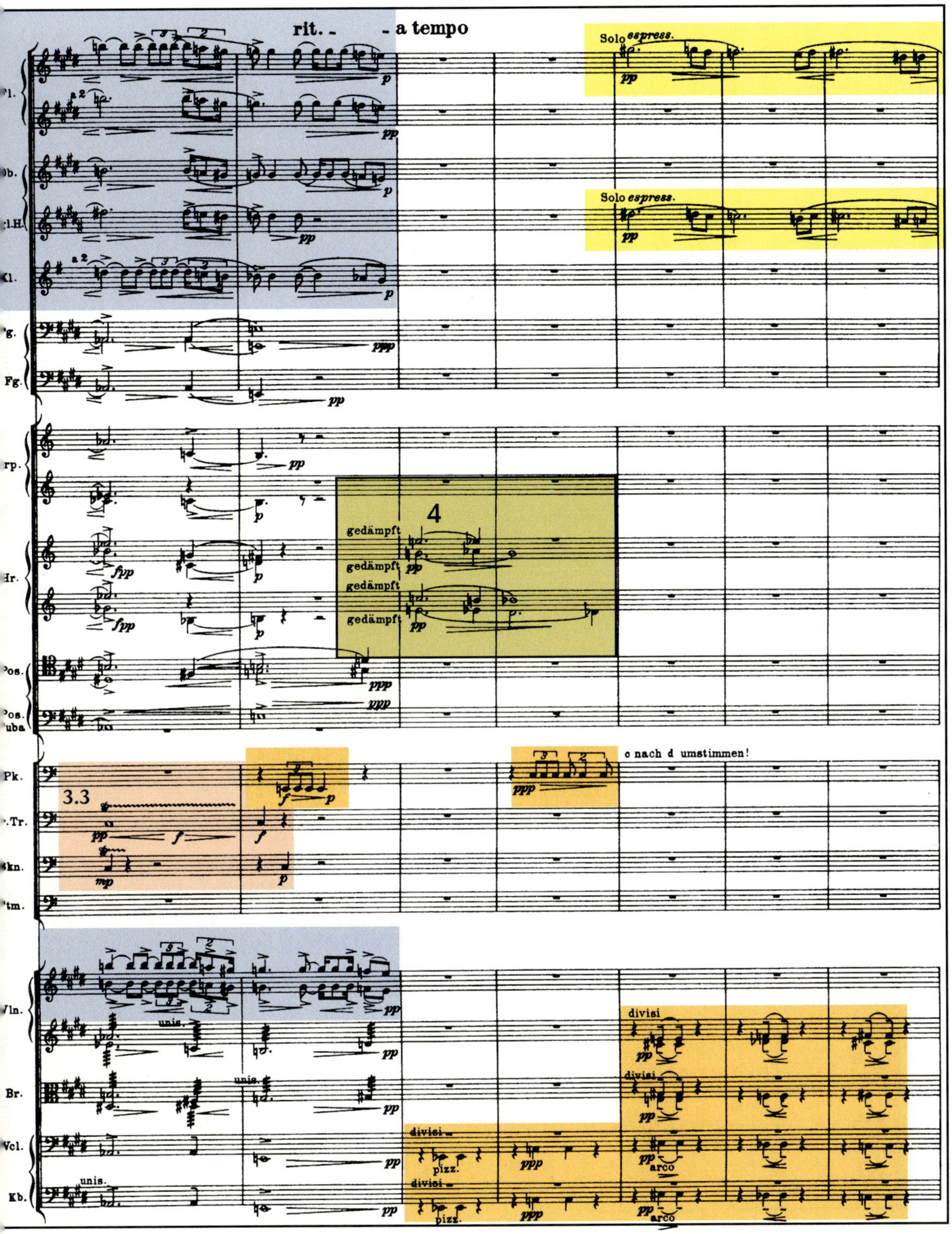

Ausschnittsrahmen 3

3.1 wiederholt 1.1 in anderer Tonlage mit besonderem dynamischen Verlauf.

3.2: Im Gegensatz zu Ausschnittsrahmen 2 eine Abwärtsbewegung, herausgehoben durch die Synkopen, hier gleichbedeutend mit Betonungen gegen das herrschende Metrum (Takt 6 bis 8)

3.3: Wirbel und Schlusston der großen Trommel und des Beckens.

Ausschnittsrahmen 4

Die vier gedämpften Hörner (und die gedämpften Trompeten im Ausschnittsrahmen 2, Takt 3 mit Auftakt).

✔ Mit welchen Ausdruckswerten des Bildes „Die Toteninsel" von A. Böcklin (Bild 28) korrespondieren die musikalischen Elemente 1.1 und 1.2?

✔ Vergleichen Sie die Wirkung des Ausschnittsrahmens 3 mit Böcklins Aussage sein Bild müsse so still wirken, dass man erschrecke, wenn angeklopft wird.

✔ Schildern Sie die musikalischen Effekte, die von 3.3 und 4 ausgehen.

✔ Lesen Sie die zeitgenössischen Musikkritiken. Worin stimmen die Rezensionen überein?
Versuchen Sie Textpassagen synästhetischen Inhalts herauszustellen.

Am interessantesten war wohl die Uraufführung von Max Regers Böcklin-Suite op. 128, zu welcher der Komponist selbst am Dirigentenpult erschien. (...) Nach der technischen Seite hin fällt die blendende Orchestrierkunst auf, die man als vollendet im kleinsten der Ausmalerei bewundern muss.
(...) Die „Toteninsel" hätte wohl noch mystischere Züge tragen dürfen – laute Episoden, wie Reger sie dazwischen wirft, verscheuchen nur allzu schnell die Schatten des Todes: das ist ein Formen und Dichten aus dem Geist und Klang der Instrumente heraus mit einem erstaunlichen Farbensinn. (...)
(Rheinische Musik- und Theaterzeitung, 1913)

(...) Von Max Reger hörten wir die für uns neue Partitur: Die Böcklin-Suite. Reger genießt hier den Ruf eines Musikers mit vielen schulmäßigen Prinzipien.
(...) Die „Toteninsel" ist ein mehr menschlich empfundenes Werk, dessen rührende Ernsthaftigkeit zwischen den Noten durchscheint. (...)
(Comedia, Paris, 1929)

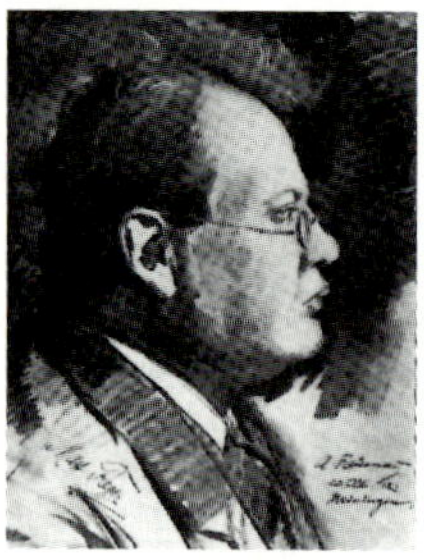

Max Reger nach einer Kohlezeichnung von A. Reumann, 1912

Max Reger
(1873/Brand i. Fichtelgebirge – 1916/Leipzig) Sohn eines Lehrers und Organisten, Schüler des Musikwissenschaftlers Hugo Riemann in Wiesbaden, wurde dessen Nachfolger, dann Lehrer am Konservatorium in München (1905) und ging 1907 als Universitätsmusikdirektor nach Leipzig. Ab 1911 Hofkapellmeister in Meiningen, zahlreiche Konzertreisen als Dirigent und Solist, ab 1914 freischaffender Künstler in Jena.

Ausschnittsrahmen 5

5: Im Schlussteil der Komposition wechselt die Tonart ohne Modulation von cis-Moll nach Des-Dur, einzig durch das Element 1.2 mit dem Vorangehenden verknüpft.

5.1: Das Kopfintervall der nachfolgenden melodischen Entwicklung ist die dynamisch und durch Spielanweisung *espressivo marcato* hervorgehobene große Sexte aufwärts, as – f in den Flöten, Oboen, ersten Violinen und Bratschen.

5.2: Das zweite Kopfintervall in Englisch Horn, 1. Horn und in den Violoncelli ist die aufsteigende Quart nach punktiertem Rhythmus.

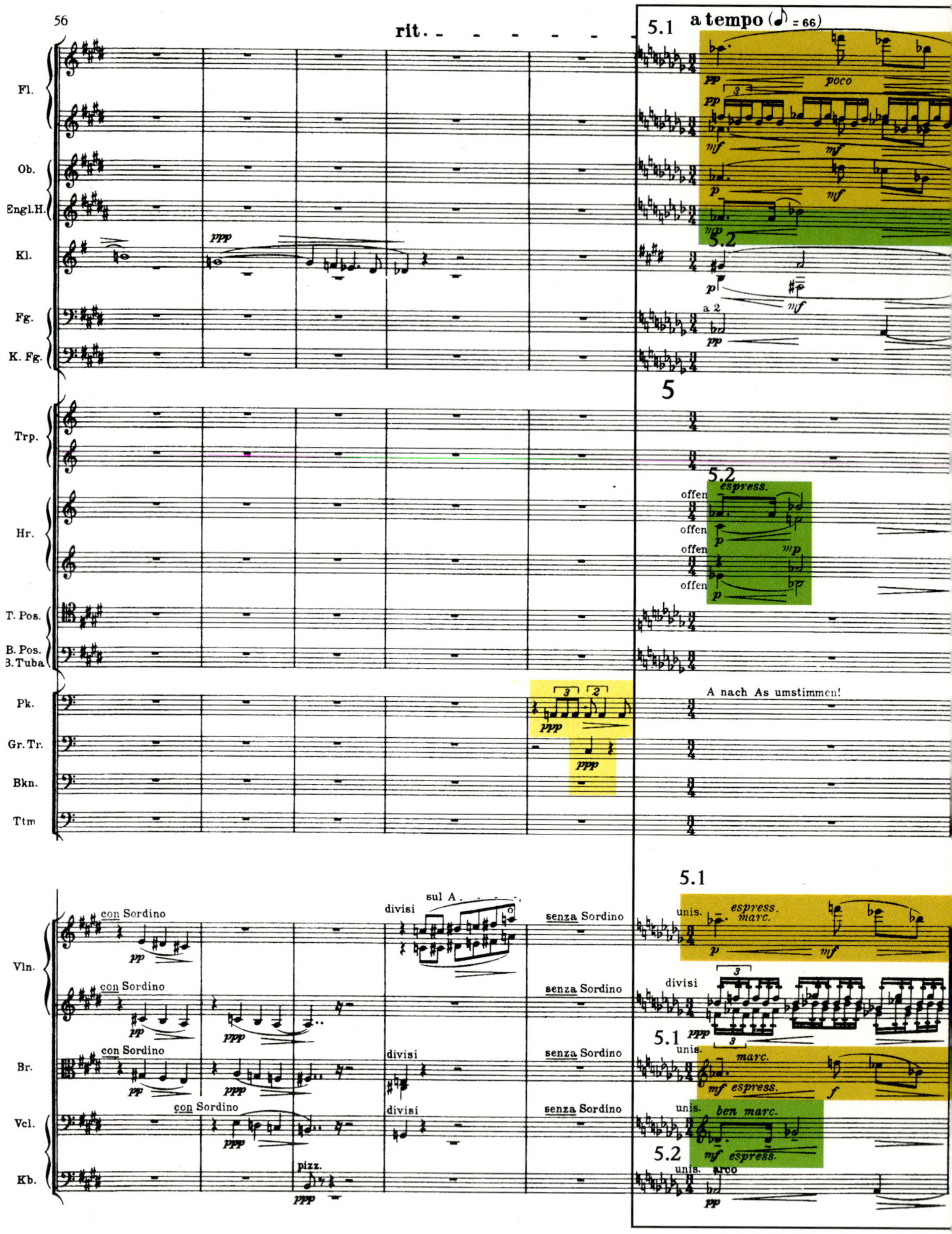

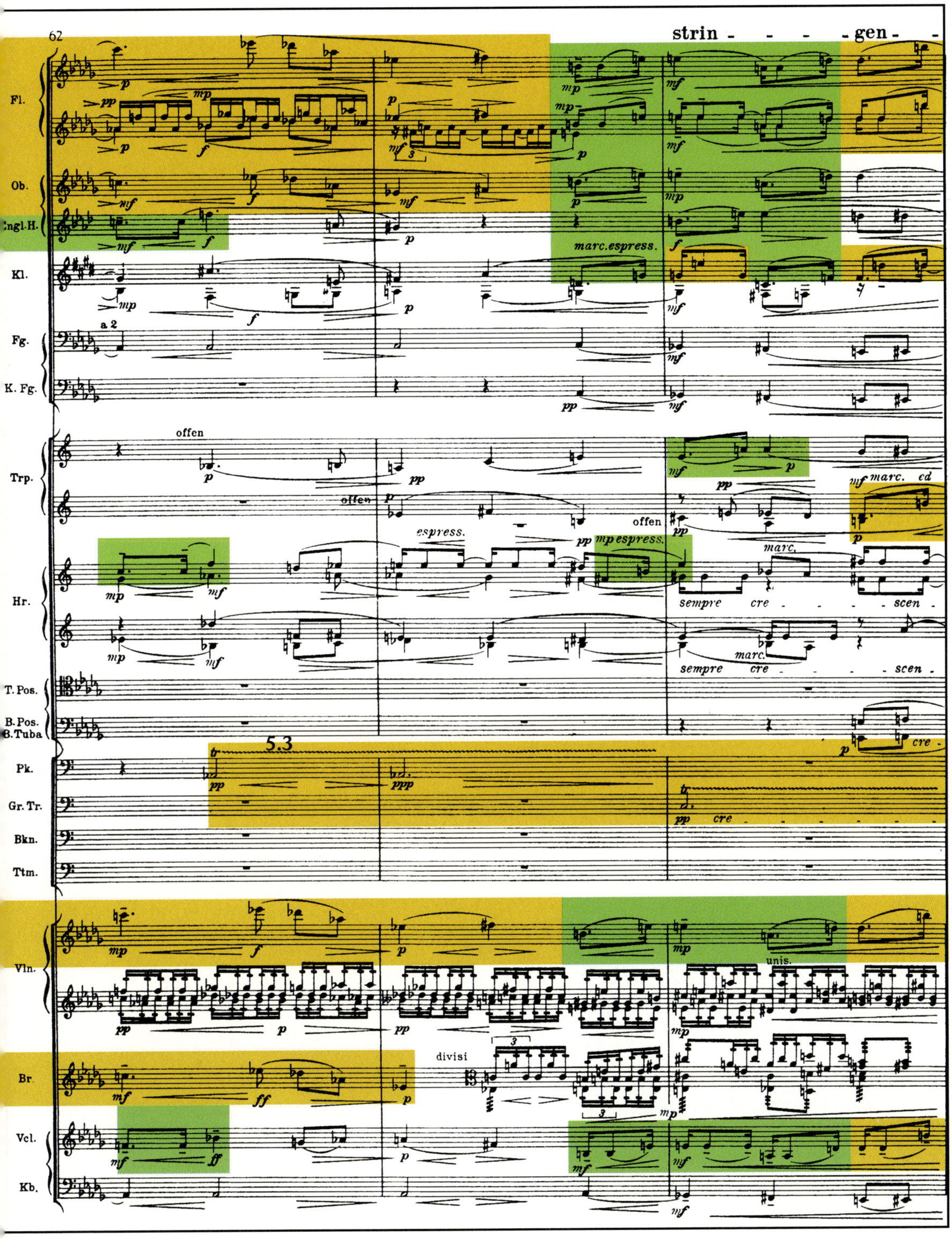

Max Reger: Die Toteninsel, Schlussteil. Aus der „Böcklin-Suite, op. 128, 1913.

33 Willy von Beckerath: Max Reger dirigiert. Zeichnung, 1912. Privatbesitz

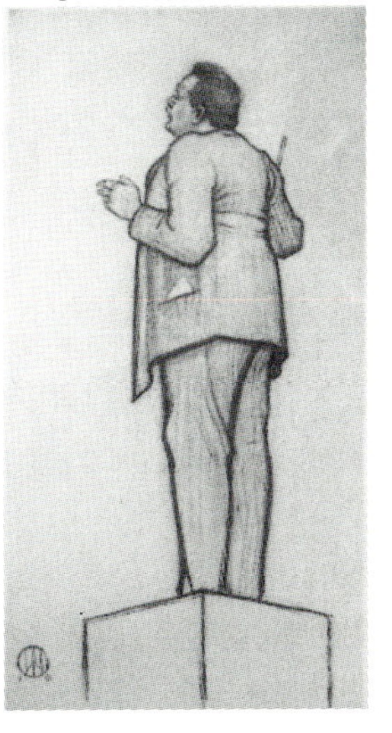

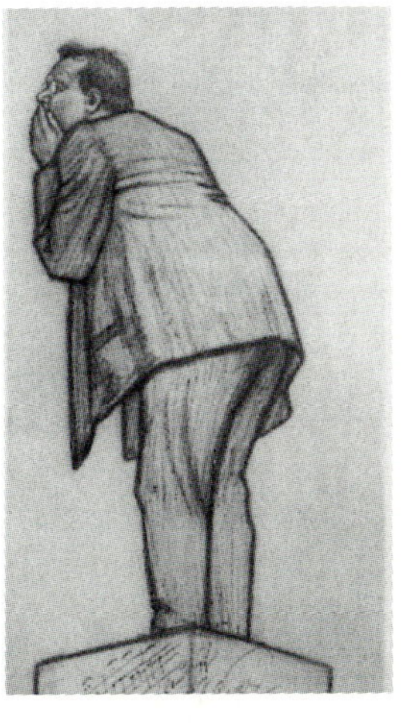

✓ Vergleichen Sie die Wirkung des Ausschnittsrahmens 5 mit dem Beginn der Tondichtung (vgl. S. 30/31). Wie hat, Ihrer Meinung nach, Max Reger das Bild Böcklins „verarbeitet"?

✓ Die zeitgenössische Karikatur zeigt Max Reger als Dirigenten. Welche Einschätzung des Musikers Reger liegt dieser Zeichnung wohl zugrunde?

Gedichte, die von Bildern inspiriert sind, gibt es bereits seit der Antike. Auch zu den Gemälden Arnold Böcklins verfassten Schriftsteller der Jahrhundertwende eine unübersehbare Fülle an Gedichten. Darunter sind, neben einer Vielzeit heute kaum noch bekannter Namen, immerhin auch Gottfried Keller, Paul Heyse, Stefan George und die sich um ihn gruppierenden jungen Dichter seines Kreises zu nennen.
Das „Poetische" im Werk Böcklins war es, das so viele Dichter zu literarischen Auseinandersetzungen mit seinen Bildern anregte.

Dass Böcklin die Fesseln der Historienmalerei sprengte und geschichtliche Wisserei verachtete, nicht griechische Kulturgeschichte ausmalte, sondern Tore zu verschlossenen Zaubergärten aufstieß, zu heiteren Gefilden wie zur Welt der Todesschauer, das lobpreisen die Gesänge noch und noch. Sie sind das literarische Pendant zur Reproduktionsinflation Böcklinscher Bilder für das Bürgerhaus und in Lesebüchern.

(Meier 1977)

Auch nur jeweils ein Gedicht jedes Schriftstellers zur „Toteninsel" aufzuführen würde den Rahmen dieser Ausführungen sprengen, so sehr war die Böcklinverehrung ins Kraut geschossen. Tatsache ist, dass die meisten dieser „Böcklin-Gesänge" zur „Toteninsel" der Trivialliteratur zugeschrieben werden müssen. Man kann den Maler verstehen, wenn er, wie überliefert, viele Verehrer/innen-Briefe ungelesen verbrannte, aus Furcht, sie könnten schlechte Gedichte enthalten.

Wie es um 1890 und während der folgenden Jahre modisch war, Böcklin zuzujubeln, so kühlte sich diese Stimmung nach der Jahrhundertwende nach und nach ab. Die meisten literarischen Produktionen waren Huldigungen an den Künstler, die nach dessen Tod ihren Sinn verloren hatten. Die Böcklin-Literatur zog sich auf die Kunstkritik zurück und die Dichter erkundeten andere Künstler. Böcklin blieb in den Lesebüchern und in den Kinderkalendern. (...)
Manch einer fand in Böcklin nicht das, was er suchte, die Mode rettete ihn nicht, wie etwa Hugo von Hofmannsthal in seinem fingierten „Brief des Lord Chandos", in dem er unter anderem die geistige Lage seiner Zeit prüfte, bekennt: „Wie der gehetzte Hirsch ans Wasser sehnte ich mich hinein in diese nackten glänzenden Leiber, ... verschwinden wollte ich in ihnen und aus ihnen heraus mit Zungen reden."
Es gelang ihm nicht; das poetische Repetieren malerischer Vorlagen genügte ihm nicht mehr, wie allgemein die Freude an der poetischen Draperie für Böcklin und sein Werk verschwand.

(Meyer 1977)

Der Böcklin-Freund **Max Kallerik** versuchte, seiner Wehmut und seinen Weltschmerzgefühlen sprachlichen Ausdruck zu verleihen.

Die Toteninsel
Im Erlöschen sind des Tages Gluten,
Und sein Windhauch streift die glatten Fluten,
Fern verhallten längst des Lebens Stimmen –
Komm! Zur Toteninsel lass uns schwimmen!

(...)

Von den Wipfeln schlanker Grabzypressen
rauscht herab ein ewiges Vergessen,
Unter ihren Stämmen dort im Schatten,
Wollen, was uns teuer, wir bestatten.

Himmelslüfte trocknen ab die Tränen,
Stillen in der Brust das stille Sehnen,
Leiser fühlst dein armes Herz du pochen,
Und kein Wort der Klage wird gesprochen.

Hinter uns wie leichtes Nebelwehen
Muss der schwere Traum der Welt vergehen,
Zu des Toteneilands selgem Strande
Dringt der Ruf mir aus dem Geisterlande.

Karl Henckell (1864 – 1929) begnügte sich mit einem zweistrophigen Vierzeiler:

Toteninsel
Aus der schnöden Tageshelle
Über blasse Todesflut
Ladet mich des dunklen Eilands
Schattige Zypressenhut.

Nimm nach dieses lauten Lebens
Tollem Schwalle, wildem Lauf,
Ewig stille Toteninsel,
Nimm die müde Seele auf.

Wohl sehr von Stefan George beeinflusst, schuf einer seiner engen Freunde, der Schriftsteller **Karl Wolfskehl** (1869 – 1948) dieses Gedicht zur „Toteninsel":

Der Meister und der Tod
Zu meinem nachen hast du dich gefunden
An meinen wassern wartest du verhüllt
Lebt wohl so blickt dein aug ihr bunten stunden
Die mich erfüllten – die ich ganz erfüllt.

Du reicher du erlesener im reigen
Hörst du ihr wehe? aller gluten hort
Willst du dem staunen dich der untern zeigen?
Du lächelst leise bittend: nimm mich fort!

Zu deines weiten reiches letztem strande
Lass mich hinab – kein schacht ist mir zu tief.
Wach war ich wie kein anderer dort im lande
So darf ich schlafen wie keiner schlief.

- ✓ Worin unterscheidet sich die Aussage des Gedichtes von Max Kallerik von der des Bildes von Böcklin?
- ✓ Untersuchen und vergleichen Sie die beiden Gedichte von Max Kallerik und von Karl Wolfskehl und versuchen Sie eine literarische Bewertung.
- ✓ Warum sind die beiden Vierzeiler von Karl Henckell der Trivialliteratur zuzurechnen? Versuchen Sie selbst zu Böcklins „Toteninsel" ein Gedicht oder einen kurzen Prosatext zu verfassen.
- ✓ Lassen Sie sich dazu anregen, zu dem Sonett Rimbauds eine farbige Illustration herzustellen.

Obwohl die „Böcklin-Gesänge“ sich mit der literarischen Umsetzung eines symbolistischen Kunstwerks befassen, können sie nicht als typische Beispiele symbolistischer Dichtung gelten. Deren Wurzeln liegen vielmehr in Frankreich, wo Dichter wie Charles Baudelaire, Stéphane Mallarmé, Arthur Rimbaud und Paul Verlaine eine Lyrik schrieben, die sich bewusst vom positivistischen Weltbild und vom Naturalismus absetzte. Indem sie auf allgemein verbindliche, begrifflich klare sprachliche Ordnungen verzichteten, schufen sie im Gedicht eine neue, verschlüsselte poetische Welt. Dabei spielen frei gewählte Symbole eine zentrale Rolle. Assoziationen und die in der Sprache enthaltene Klangfarbe (Musikalität) bestimmen vorrangig das Gedicht, nicht mehr die Sprache selbst. In dieser Umkehrung des Verhältnisses von „Wort und Sinn“ zugunsten einer „reinen“ Dichtung begründet der Symbolismus die Theorie der „poesie pur“. Die Ablösung der klassischen Metrik durch den freien Vers erhöhte die angestrebte Sprachmagie.

Die Poesie sollte wieder der verbrauchten Mitteilungssprache entrissen werden, sie sollte kostbar, verzückt, streng geistig, rasend, reine Fantasieschöpfung sein und nur denjenigen zugänglich, die sich auf ihre Mysterien verstanden. Die Domäne des Symbolismus war daher die Lyrik und lyrisch die verwandelte Kurzprosa.

(Hofmann/Rösch 1972)

Durch die Berührung mit dem französischen Symbolismus wurde auch die deutsche Lyrik nachhaltig beeinflusst. Stefan George (1868–1933) begegnete erstmals 1889 in Paris symbolistischer Dichtung. Er übersetzte u.a. Baudelaire und wählte in seinem Gedicht-Zyklus „Hymnen“ (1890) symbolistische Motive. Vergleichbare Einflüsse lassen sich auch im Frühwerk Hugo von Hofmannsthals (1874–1929), z.B. in seiner Erzählung „Das Märchen der 672. Nacht“ und Rainer Maria Rilkes (vgl. auch S. 44), beispielsweise in seinem „Stundenbuch“, nachweisen.
In seiner Schrift „Richard Wagner et Tannhäuser à Paris“ schrieb Charles Baudelaire 1861:
Die wahre Musik ruft in verschiedenen Gehirnen analoge Ideen hervor. Übrigens wäre es hier durchaus nicht lächerlich, a priori, ohne Analyse und ohne Vergleich, zu urteilen; überraschend wäre ja nur, wenn der Klang nicht die Farbe hervorrufen, wenn die Farbe nicht die Idee einer Melodie geben könnte, und wenn der Klang und die Farbe nicht geeignet wären, Ideen zu übertragen; denn die Dinge haben sich seit jeher durch gegenseitige Analogie ausgedrückt, seit dem Tage, da Gott die Welt als ein vielfältiges und unteilbares Ganzes hervorbrachte.

Charles Baudelaire, Ahnherr und Vorbild für die symbolistischen Schriftsteller, hat in seinem Gedicht „Correspondances“ („Entsprechungen“) aus den „Fleurs du mal“ ihr Glaubensbekenntnis formuliert. In seinem berühmten Sonett „Voyelles“ verknüpft **Arthur Rimbaud** synästhetisch den Klang der Vokale mit Farben.

Correspondances
La Nature est un temple où de vivants piliers
Laissent parfois sortir de confuses paroles;
L'homme y passe à travers des forêts de symboles
Qui l'observent avec des regards familiers.

Comme de longs échos qui de loin se confondent
Dans une ténébreuse et profonde unité,
Vaste comme la nuit et comme la clarté,
Les parfums, les couleurs et les sons se répondent

Entsprechungen
Die Natur ist ein Tempel, wo aus lebenden Pfeilern
Manchmal dunkle Worte dringen;
Es wandelt der Mensch durch Wälder von Symbolen
Sie sehen ihm zu mit vertrautem Blick.

Wie lange Echos, die in der Ferne verschmelzen
Zu einer dunklen, tiefen Einheit,
Weit wie die Nacht und weit wie die Helle,
So antworten sich die Düfte, die Farben und die Klänge.

(Übersetzt von Cornelia Niebler)

Voyelles
A noir, E blanc, I rouge, U vert, O bleu: voyelles,
Je dirai quelque jour vos naissances latentes:
A, noir corset velu des mouches éclatantes
Qui bombinent autour des puanteurs cruelles,

Golfes d'ombre; E, candeurs des vapeurs et des tentes,
Lances des glaciers fiers, rois blancs, frissons d'ombelles;
I, pourpres, sang craché, rire des lèvres belles
Dans la colère ou les ivresses pénitentes;

U, cycles, vibrements divins des mers virides,
Paix des pâtis semés d'animaux, paix des rides
Que l'alchimie imprime aux grands fronts studieux;

O, suprême Clairon plein des strideurs étranges,
Silences traversés des Mondes et des Anges:
– O l'Oméga, rayon violet de Ses Yeux! –

Vokale
A schwarz E weiss I rot U grün O blau – vokale
Einst werd ich euren dunklen ursprung offenbaren:
A: schwarzer samtiger panzer dichter mückenscharen
Die über grausem stanke schwirren • schattentale.

E: helligkeit von dämpfen und gespannten leinen •
Speer stolzer gletscher • blanker fürsten • wehn von dolden.
I: purpurn ausgespienes blut • gelach der holden
Im zorn und in der trunkenheit der peinen.•

U: räder • grünlicher gewässer göttlich kreisen •
Ruh herdenübersäter weiden • ruh der weisen
Auf deren stirne schwarzkunst drückt das mal.

O: seltsames gezisch erhabener posaunen •
Einöden durch die erd- und himmelsgeister raunen •
Omega – ihrer augen veilchenblauer strahl.

(Übersetzt von Stefan George)

Jugendstil
Deutsche Bezeichnung für einen international verbreiteten Stil um 1900. In Frankreich und Belgien als Art Nouveau bezeichnet, in England Modern style, in Spanien (Barcelona) stile modernista, in Österreich Sezessionsstil genannt. Stilwende vom 19. zum 20. Jahrhundert.

Im Jugendstil, der seinen Namen von der seit 1896 in München erscheinenden Zeitschrift „Jugend" ableitet, äußert sich der Protest junger Künstler gegen historisierende Tendenzen in der Kunst, gegen erstarrte künstlerische Traditionen und gesellschaftliche Lebenshaltungen.
Diese Stilwende ist zugleich Aufbruch und Suche nach neuen künstlerischen Ausdrucksformen und einer das ganze Leben durchdringenden ästhetischen Kultur. Als Ziel wird die Einheit der Künste im Sinne eines Gesamtkunstwerkes angestrebt.

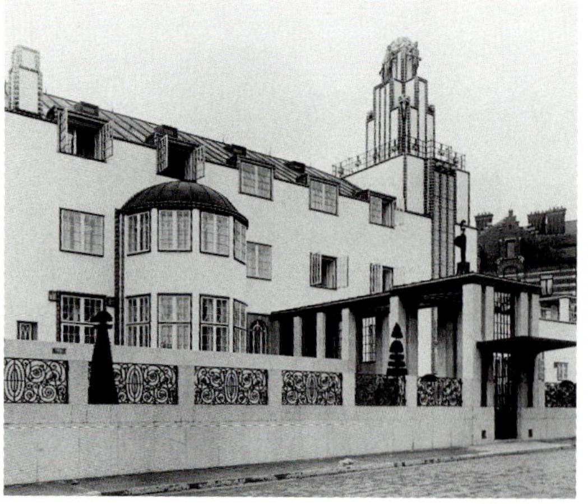
1

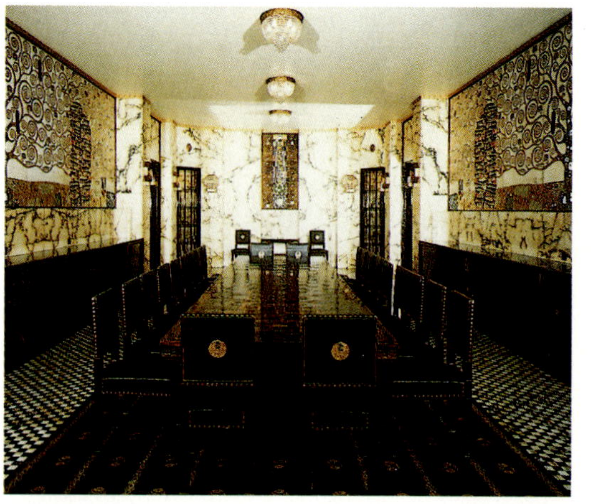
2

1904 hatte Adolphe Stoclet, ein junger belgischer Industrieller, den Wiener Architekten und Designer Josef Hoffmann beauftragt ihm ein mit allem Luxus des neuen Stils ausgestattetes Palais in der Avenue des Tervereu in Brüssel zu bauen und einzurichten. Eine Wunschvorstellung des Jugendstils nahm hier Gestalt an: das „Gesamtkunstwerk".
Das Palais Stoclet zeigt sich nach außen als harmonischer Organismus von einer überschaubaren, rechtwinkligen Ordnung.
Die blockhaften Einzelteile sind übereinander, untereinander und voreinander gestellt, Horizontale und Vertikale beherrschen das Gesamtbild. Die proportionale Sicherheit setzt sich auch in der großzügigen Raumabfolge fort. Klimt gelang bei der Gestaltung des Mosaikfrieses im Palais Stoclet zweifellos die Erfüllung seiner dekorativen Gestaltungsmöglichkeiten.
So fanden sich bei der Gestaltung des Speisesaals zwei geniale Künstler – Hoffmann und Klimt – und gelangten zu einem gemeinsamen Höhepunkt in ihrem Schaffen.

(Sterner 1981)

Das Palais Stoclet steht als gelungenes Beispiel für die künstlerische Konzeption, ein Gemeinschaftskunstwerk zu schaffen, an dem die verschiedensten Künstlerpersönlichkeiten beteiligt waren. Architekt, Maler, Bildhauer und Kunsthandwerker gelang es, die Idee des Gesamtkunstwerks vom Essbesteck über die Gartenanlage, die gesamte Innenausstattung bis zur Architektur zu verwirklichen.

Der bildnerische Jugendstil entwickelte sich aus dem Unbehagen an den schlecht gestalteten Massenprodukten der Industrie. In seinen Zielsetzungen verbanden sich handwerklich-praktische Reformbestrebungen – vorbereitet durch die Engländer John Ruskin (1819–1900) und William Morris (1834–1896) – mit dem Gedanken einer Veränderung der gesellschaftlichen Verhältnisse und dem Wunsch nach einer nicht gesellschaftskonformen Kunst zu einem neuen Lebensstil. Aufgabe der Kunst sollte es sein, vor allem das Leben zu verschönern und angenehm zu machen. Alles Hässliche, alle sozialen und gesellschaftlichen Probleme wurden ausgeklammert. Die Kunst des Jugendstils schuf für eine elitäre Oberschicht eine Welt der Schönheit, fernab der Alltagswirklichkeit.

Wegbereiter der Malerei des Jugendstils waren die Präraffaeliten und die Symbolisten, deren Malerei (z.B. Hodler, vgl. S. 22) oft nahtlos in den Jugendstil übergeht. Die Maler des Jugendstils setzten sich bewusst gegenüber dem Impressionismus ab. Es ging ihnen nicht um die Darstellung augenblicksbestimmter Plein-air-Eindrücke, sondern um bleibende Werte.
Wie die Symbolisten lehnten auch sie eine rationale, naturwissenschaftlich-technische Haltung und Einstellung zur Welt ab, indem sie versuchten durch eine Ästhetisierung aller Bereiche des täglichen Lebens in einer „letzten Euphorie des Schönen" den gesellschaftlichen Entwicklungen ihrer Zeit zu entfliehen. Stilbildende Elemente in Malerei und Grafik waren u.a. die arabeskenhafte „reine Linie", das abstrakte, teppichhafte Ornament, die flächig eingesetzte, reine Farbe, die stilisierte, vereinfachte Form.
Der Jugendstilmalerei, als einem Sammelbegriff für eine Vielfalt stilistischer und inhaltlicher Variationen der „Stilkunst oder Stilbewegung um 1900", sind,

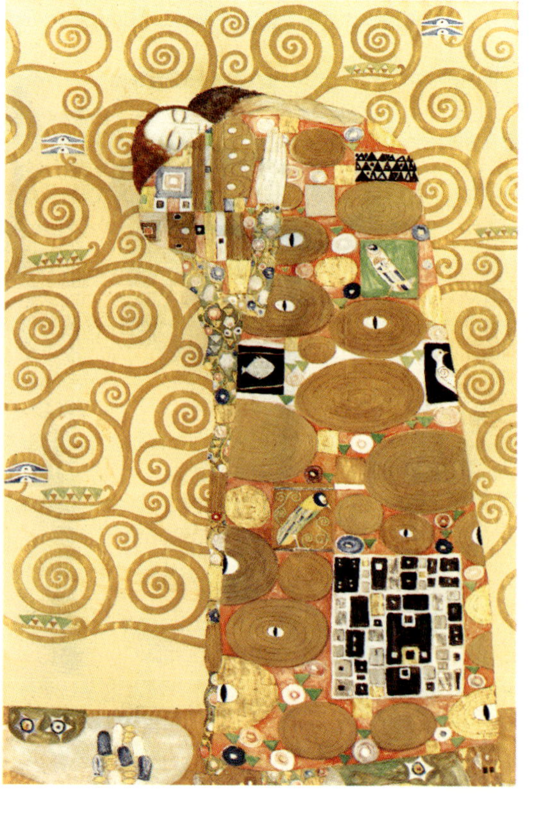
3

36.1 Josef Hoffmann: Palais Stoclet, Brüssel, 1905–11 (Fassade zur Straße)

36.2 Josef Hoffmann: Palais Stoclet, Speisesaal mit Mosaiken von Gustav Klimt

36.3 Gustav Klimt: Die Erfüllung. Um 1909. Entwurfsskizze zum Mosaikfries im Palais Stoclet auf Leinwand. 192 x 118 cm. Musée des Beaux Arts, Strasbourg

jedenfalls zeitweise, Ferdinand Hodler, Edvard Munch, Aubrey Beardsley, Jan Toorop, Gustav Klimt, Egon Schiele, Ludwig von Hofmann, Max Klinger, Franz von Stuck, die Worpsweder Heinrich Vogeler und Paula Modersohn-Becker zuzurechnen.

Der literarische Jugendstil steht zeitlich zwischen Naturalismus und Expressionismus. Vom Naturalismus und seiner verfeinerten Ausprägung, dem Impressionismus, unterscheidet er sich in der Wahl seiner Themen und Motive, die er sehr einschränkt und ihnen eine artifizielle Form gibt.
Aus der Sicht der Literatur zwischen 1895 und 1905 ist der Jugendstil nur eine Strömung unter anderen. Es gibt keine Dichter, die ausschließlich dem Jugendstil verpflichtet waren. Alle haben sie nur vorübergehend an stilkünstlerischen Tendenzen teilgenommen. Jugendstilphasen lassen sich beim jungen Rilke, George und Hofmannsthal, bei Maximilian Dauthendey, Georg Trakl, Alfred Mombert, Arno Holz, Richard Schaukal etc. und besonders deutlich ausgeprägt bei Richard Dehmel und Otto Julius Bierbaum nachweisen. Trotzdem sollte die Bezeichnung „Literarischer Jugendstil" für die Literatur nicht als Epochenbegriff, sondern allenfalls als Zeitstil, den man auch als „Stilkunst um 1900" bezeichnet hat, verwendet werden.

Obwohl auch von Jugendstil-Musik im Sinne einer Stilepoche nicht gesprochen werden kann, filtrierten Komponisten jener Zeit aus ihrer Grundhaltung von Abwehr und Protest, aus einer „Aufbruchsstimmung" heraus, eine Reihe musikalischer Analogien zu den Phänomenen der anderen Künste heraus, die als jugendstilistische Elemente viele Werke prägen.
Das 1896 in der Zeitschrift „Jugend" veröffentlichte Klavierlied von R. Strauss: „Wir beide wollen springen" (Bild 37.2) illustriert die Absicht, Ton, Wort und Bild zu einem Gesamtkunstwerk zu verschmelzen.

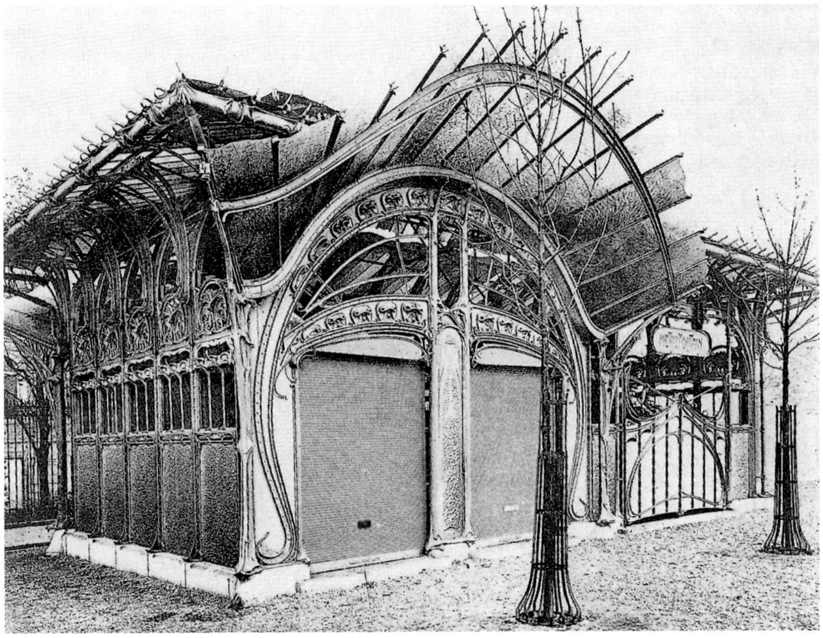

1

Schon der kalligraphische Eindruck des Strauss'schen Autographs in seiner Sauberkeit und Präzision ist ein ästhetisches Erlebnis. (...)
Text und Musik, alles ist in Bewegung. Zwölfmal erscheint die rhythmische Grundformel der Komposition: rauschende Arpeggien, Kaskaden von Sechzehntel-Triolen, sprühend, kräuselnd, ein musikalisches Ornament.

(Hollander 1975)

Wir waren alle Art-Nouveau-Künstler. Es gab so viele wilde, wahnwitzige Kurven an diesen Metro-Eingängen und all den Werken des Art Nouveau, dass ich dagegen rebellierte und mich fast ausschließlich auf gerade Linien beschränkte. Trotzdem nahm ich auf meine Art am Art Nouveau teil.

(Pablo Picasso)

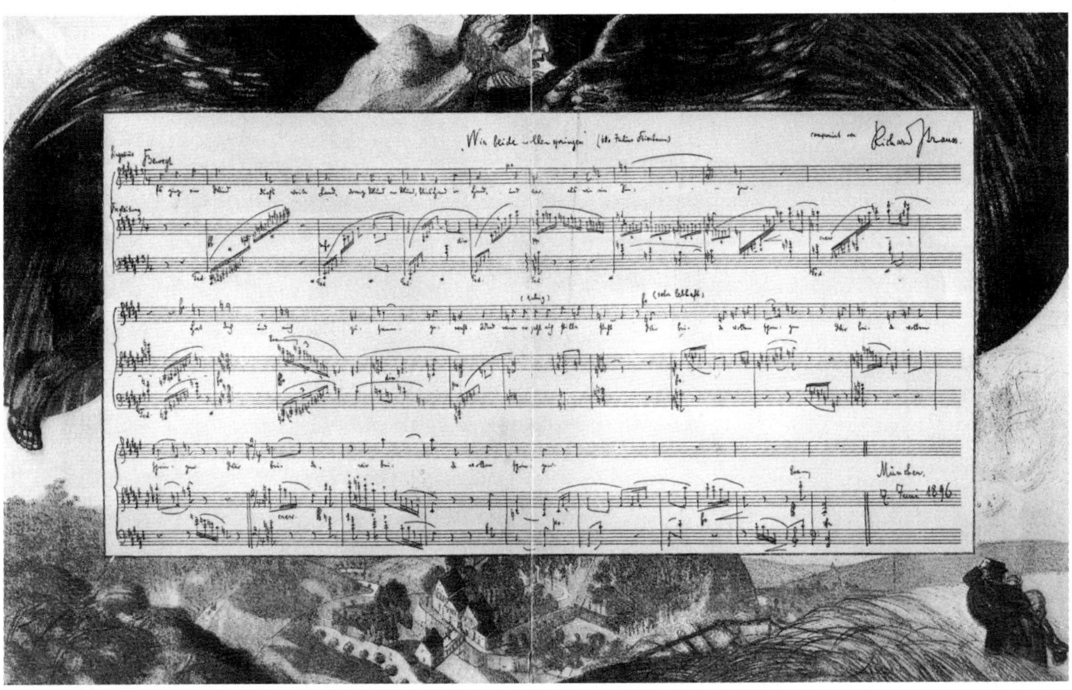

2

37.1 Hector Guimard: Metro-Station Place de l'Etoile, Paris, 1900 (zerstört)

37.2 Richard Strauss: „Wir beide wollen springen", Lied für Singstimme und Klavier. Text von Otto Julius Bierbaum, Zierrahmen von Julius Diez, 1896. (Veröffentlicht in der Münchner Zeitschrift „Jugend")

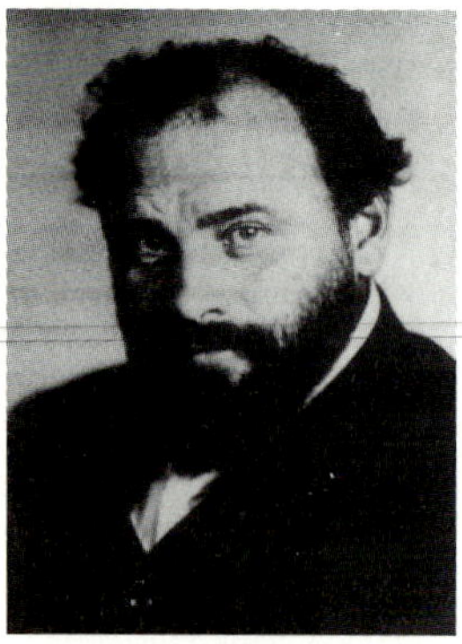

Gustav Klimt, um 1910

Gustav Klimt
(1862/bei Wien – 1918/ Wien)
Hauptvertreter der Jugendstilmalerei, studierte von 1876 – 1883 an der Kunstgewerbeschule in Wien. 1897 gründete er zusammen mit den Architekten Joseph Hoffmann und Joseph Maria Olbrich die dem Jugendstil verpflichtete „Wiener Sezession", eine Künstlervereinigung, die sich als Avantgarde durch neue Zielsetzungen von der tradierten Kunst und ihren Künstlerverbänden abspaltete und eine eigene Kunstzeitschrift („Ver Sacrum") herausgab. Zwischen 1900 und 1903 schuf er für die Wiener Universität Aufsehen erregende Deckengemälde („Die Philosophie", „Die Medizin"). Auf einer Reise nach Ravenna (1903) lernte er die frühchristlich-byzantinischen Mosaiken kennen, die seine Malerei bis 1909 („goldener Stil") maßgeblich beeinflussten. Seine allegorischen Bilder und die Portraits zeichnen sich durch eine ihm eigene Verbindung von abstrahierten, mosaikartigen Ornamenten von edelsteinartiger Kostbarkeit und streng gestalteter, gegenständlicher Darstellung aus.

Die Impulse für den Jugendstil gingen hauptsächlich von den neu gegründeten Kunstzeitschriften der Kunstszene um 1900, wie „Die Jugend" (München) oder „Ver Sacrum"(Wien) und von der Buchkunst, an der sich Vertreter aller freien und angewandten Künste beteiligten, aus. Nicht von ungefähr wird in der Fachliteratur auch in Bezug auf die Kunstzeitschriften und Kunst-Bücher des Jugendstils von einer Art „Gesamtkunstwerk" gesprochen.
Für den Wiener Jugendstil war vor allem die Zeitschrift „Ver Sacrum" („Heiliger Frühling"), deren erstes Heft 1898 erschien, von Bedeutung. Mit ihr erhielt die „Wiener Sezession", die „Vereinigung Bildender Künstler Österreichs", ein bildnerisch-literarisch-musikalisches Forum.
„Ver" und „sacrum" haben die Funktion von Schlüsselworten, sie verweisen auf eine Synthese aus Sakralem und Jugendstilhaftem, auf den „Geist der Jugend, der den Frühling durchweht", wie die Definition lautete.
Kennzeichnend sind eine „frühlingshafte, floreale Gestimmheit" und ein ausgeprägtes, ornamentales Schmuckbedürfnis.

Die neuen Stiltendenzen der grafischen Kunst des Jugendstils lassen sich besonders deutlich am Beispiel der Zeichnungen des Engländers Aubrey Beardsley (1872– 1898) aufzeigen (vgl. Bild 38.1):

... konsequente Flächigkeit und konsequentes Schwarz-Weiß, parallele Formwiederholungen als Mittel suggestiver Darstellung, Vereinfachung der Figuren auf den aussagekräftigen Umriss, horizontale und vertikale Bildordnungen, die den wirkungsvollen Spannungsraum für die arabeskenhaft schwingenden Linienkurven bilden.
Und Beardsley versteht es, seine Aussage aus der Kombination aller zur Verfügung stehenden Mittel aufzubauen, spröde männliche gegen fließend weibliche Umrisse auszuspielen, der großen leeren Fläche plötzlich detaillierte Füllungen gegenüberzustellen, auf ein naturalistisch gezeichnetes Detail mit einer abstrakten Arabeske zu antworten.
Es gibt in seinen Grafiken die reine Schwarzplatte, in der nur wenige Weißakzente die Darstellung sichtbar machen und umgekehrt; aber es gibt auch Blätter, dicht mit gegeneinander laufenden Linien gefüllt, sodass optisch eine Grauwirkung entsteht ...
Eine derartige Fülle der Möglichkeiten zwischen Schwarz und Weiß in so souveräner Beherrschung ist in der ganzen Jugendstilkunst nicht mehr erreicht worden.

(Hofstätter 1975)

Die freie schwingende Linie und das abstrakte, teppichartige Ornament sind aber nicht nur formal-ästhetische Stilmerkmale der Malerei und Grafik des Jugendstils, sondern auch konstituierende Stil-Elemente der Literatur (Lyrik) und der Musik (beispielsweise im Lied, vgl. S. 42/43).

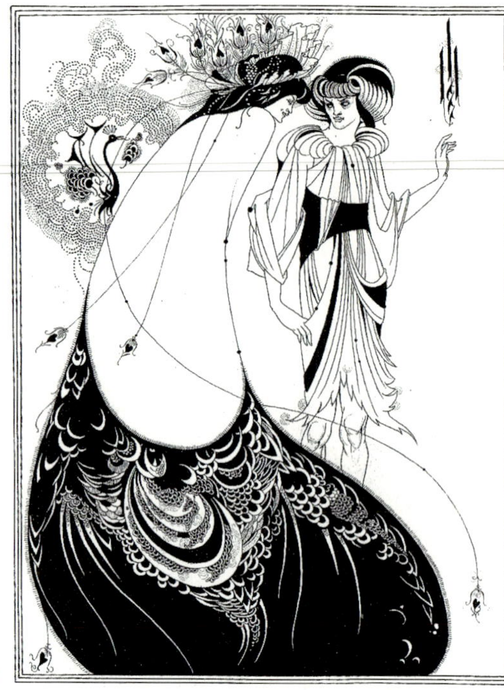

1

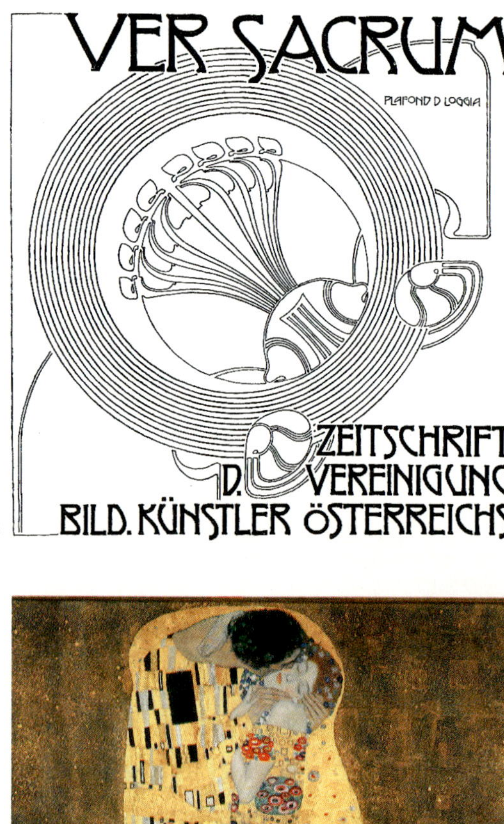

2

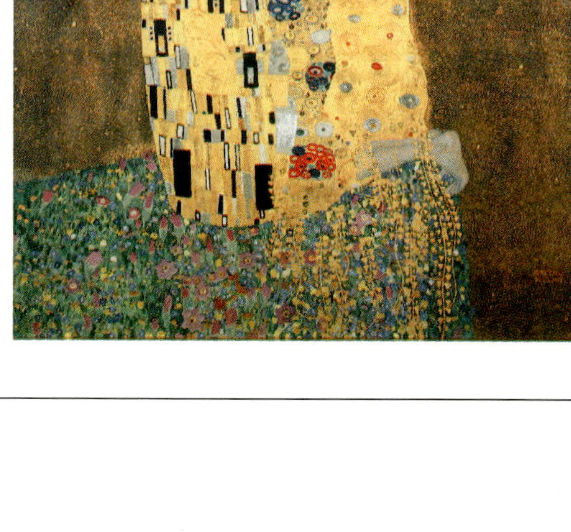

3

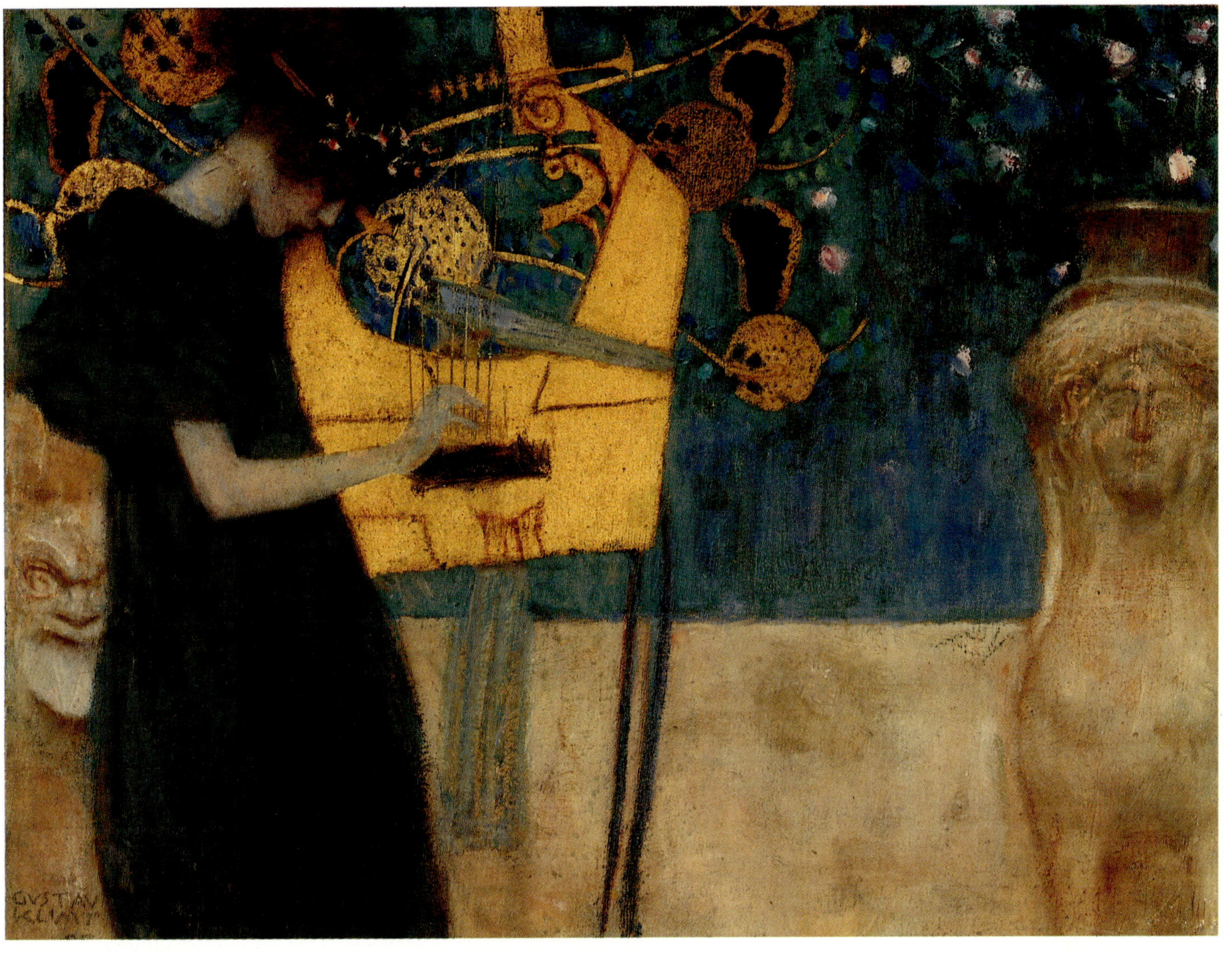

1

1895 malte Gustav Klimt sein Bild „Die Musik I“ (Bild 39.1). Es zeigt eine junge, an antike Vasenmalerei erinnernde Frau, die mit geneigtem Kopf und verinnerlichtem Gesichtsausdruck die Lyra spielt. Links von ihr eine Silen-Maske, rechts eine Sphinx.

Dass Klimt seinem Bild eine antike Maske und eine Sphinx hinzufügt, ist ein Hinweis auf Nietzsches Gedankengut, eine Anspielung auf die Schrift „Die Geburt der Tragödie aus dem Geiste der Musik“.

Das Bild entstand als Auftragswerk für Nikolaus von Dumbau, der es sich als Supraportebild zur Ausschmückung seines Musiksalons bestellte.

Mit seinen Bildern, z.B. „Die Musik“ und „Die Poesie“ zeigt Klimt seine enge Verbundenheit mit den anderen Künsten.

Für den Versuch einer wechselseitigen Erhellung der Künste des Jugendstils ist von Bedeutung, dass nicht nur die bildenden Künstler, Kunsthandwerker und Architekten in ständigem Kontakt zueinander standen, sondern dass es auch enge Beziehungen zu Schriftstellern und Musikern gab, die Beiträge für die Kunstzeitschriften lieferten.

2

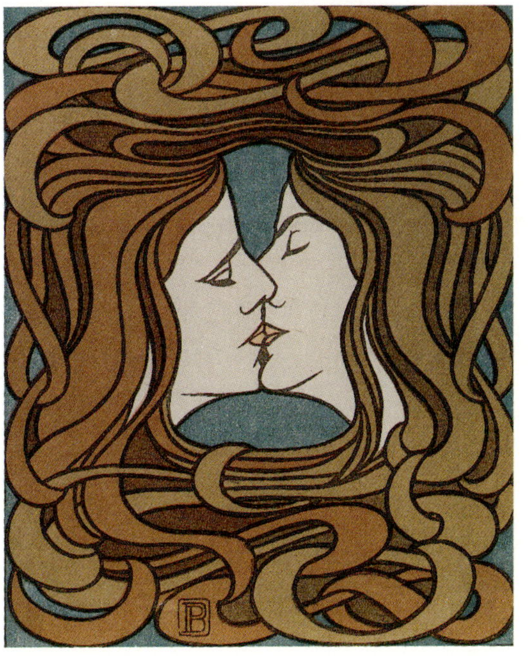

38.1 Aubrey Beardsley: Der Pfauenrock, Illustration zu „Salome“, 1894. Federzeichnung, 23 x 16,9 cm. Harvard University Art Museum, Cambridge, Mass.

38.2 Otto Wagner: Titelseite für „Ver sacrum“, 1899. Lithografie, 28,2 x 27,9 cm. Museum of Modern Art, NY

38.3 Gustav Klimt: Der Kuss, 1907-08. Öl, Gold auf Leinwand, 180 x 180 cm. Österreichische Galerie, Wien

39.1 Gustav Klimt: Die Musik I, 1895. Öl auf Leinwand, 37 x 44 cm. Neue Pinakothek, München

39.2 Peter Behrens: Der Kuss, 1898. Farbholzschnitt, 27 x 21 cm. Staatliche grafische Sammlungen, München

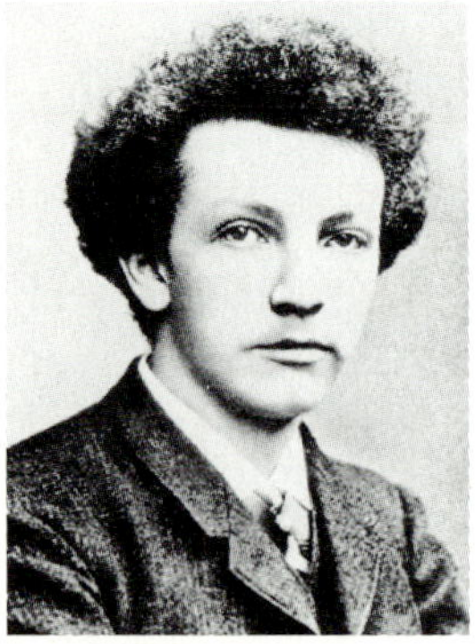

Richard Strauss, 1888

Richard Strauss
(1864/München bis 1949/Garmisch) trat bereits während der Gymnasialzeit mit eigenen Kompositionen öffentlich hervor. Bald geehrt und berühmt als Opern- und Konzertdirigent, ab 1885 Leiter des Meininger Hoforchesters. Danach leitende Stellungen: 1886 Münchner Hofoper, 1889 Weimar, im Jahr 1895 Berliner Philharmoniker, 1898 bis 1918 Königliche Oper Berlin, 1919 – 1924 Operndirektor in Wien. Danach freischaffender Dirigent und Komponist. Ließ sich 1933 in das Amt der Reichsmusikkammer berufen, das er 1935 auf eigenen Wunsch wieder verließ.

Oscar Wilde, englischer Schriftsteller irischer Abstammung, schrieb 1891 das Drama „Salome“ in französischer Sprache (gedruckt 1893).
Der aus der Bibel überlieferte Stoff der judäischen Prinzessin Salome, die als Belohnung für ihren Schleiertanz den Kopf Johannes' des Täufers fordert, übte auf die spätbürgerliche Gesellschaft der Jahrhundertwende eine eigentümliche Faszination aus.
Die Künstler des „fin de siècle“ sahen in der spätantiken Welt, in der sich das Drama abspielt, in der politischen und kulturellen „Endzeit“ eines einst blühenden Reiches Entsprechungen zu Erscheinungen ihrer Zeit. Der Salome-Stoff schien besonders geeignet zu sein, ein bestimmtes Lebensgefühl wiederzugeben, das man als dekadent empfand.
Zwölf Jahre später vertonte Richard Strauss den Stoff nach dem Libretto von Wilde in einem Einakter. Die Oper, 1905 in Dresden uraufgeführt, musste sich zunächst gegen etliche Zensurdrohungen seitens der Herrscherhäuser und der Kirche durchsetzen.
Wie in der Zeit üblich, zerfiel die Kritik in zwei Lager. Die akademischen Traditionalisten sprachen von Wirrnis, Pomp und schierem Kitsch, die „modernen“ von einem Meisterwerk.

Die preziöse Sprache Oscar Wildes, die Dekadenz des Milieus und der Handlung, der Exotizismus mit all seinen erotisch-perversen Untertönen, die sadomasochistischen Verflechtungen, die 'child-wife'-Konzeption der Hauptgestalt in ihrer schlangenhaften, sprunghaften, ornamentalen Erscheinung (...) – all dies bestimmte wohl den Charakter von Strauss' Musik. Die opalisierenden Orchesterfarben – Hofmannsthal nannte die Farbenmischungen in Salome „purpurn und violett gleichsam, in einer schwülen Luft“ – sind der Palette des Jugendstil angeglichen.
(Hollander 1975)

Die Geschichte der Salome spielt um 30 n. Chr. am Hof des Herodes Antipas.
Prinzessin Salome, die am Hof ihres Stiefvaters lebt, hat während einer ausschweifenden nächtlichen Feier, von ihrer lasterhaften Umgebung angeekelt, den Festsaal verlassen. Salome ist eigentlich ein junges, unschuldiges Mädchen, das sich nach reinen, echten Gefühlen sehnt, die sie weder bei ihrer Mutter noch bei ihrem Stiefvater findet.
In der Tiefe einer Zisterne wird Jochanaan, der Prophet (Johannes der Täufer) von Herodes gefangen gehalten, der dessen furchtloses Eintreten für die heilige Lehre fürchtet. Salome hingegen bewundert den Menschen aus einer anderen Welt und setzt entgegen den Anordnungen des Herodes durch, dass Jochanaan aus dem Verlies zu ihr geführt wird. Mehr und mehr ist sie von der Erscheinung des Propheten gefesselt: *„Er ist wie ein Bildnis aus Elfenbein. Gewiss ist er keusch wie der Mond“.* Mit heftigen Worten klagt Jochanaan die Lasterhaftigkeit des fürstlichen Hofes an und weist auch Salomes Wunsch *„Ich will deinen Mund küssen, Jochanaan“*, zurück.
Das reizt Salomes Willen zur Inbesitznahme des ihr unverständlichen Wesens umso mehr. In den Festsaal zurückgekehrt, bittet Herodes sie vor ihm zu tanzen. Aber erst, als der König Salome verspricht, ihr jeden Wunsch zu erfüllen, beginnt sie den „Tanz der sieben Schleier“. Sie steigert sich in einen wahren Taumel hinein und fordert am Schluss als Belohnung – mit Zustimmung ihrer Mutter – den Kopf des Jochanaan.
Herodes ist entsetzt, aber er muss dem Drängen Salomes schließlich nachgeben. Auf einer silbernen Schüssel reicht der Henker der Prinzessin den Kopf des Propheten – Salome, sich selbst vergessend, küsst den Mund des Toten. Voll Furcht vor schicksalhafter Vergeltung gibt Herodes seinen Soldaten das Zeichen, seine Stieftochter zu töten.

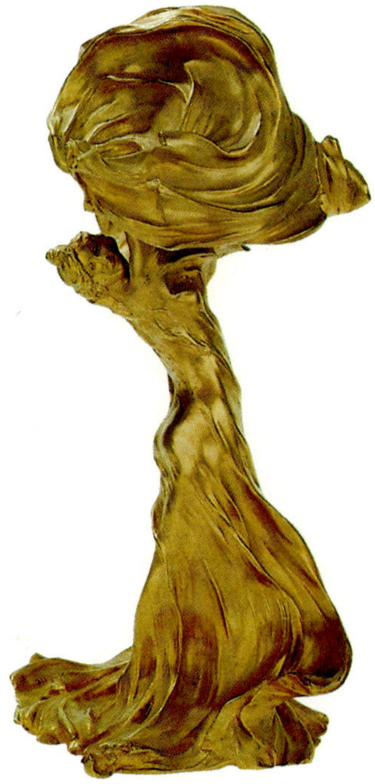

1

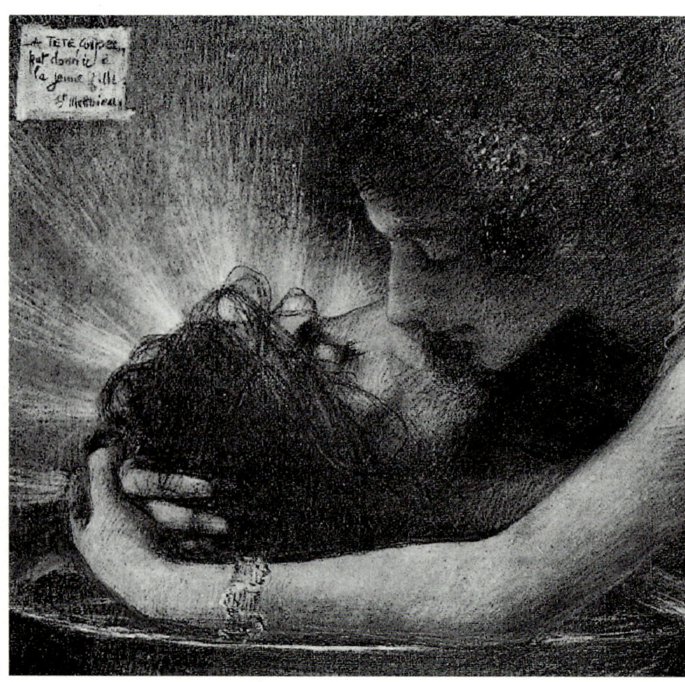

2

40.1 Raoul François Larche: Die Tänzerin Loïe Fuller als Salome, vor 1909. Bronze, ziseliert, feuervergoldet. Hess. Landesmuseum, Darmstadt

40.2 Lucien Lévy-Dhurmer: Salome. Pastell auf blauem Papier, 1896. 43,5 x 50 cm. Privatbesitz

Salome:

Ah! Du wolltest mich nicht deinen Mund küssen lassen, Jochanaan! Wohl, ich werde ihn jetzt küssen! Ich will mit meinen Zähnen hineinbeißen, wie man in eine reife Frucht beißen mag. (...)
Aber warum siehst du mich nicht an, Jochanaan?
Deine Augen, die so schrecklich waren, so voller Wut und Verachtung, sind jetzt geschlossen.
Warum sind sie geschlossen? Öffne doch die Augen, erhebe deine Lider, Jochanaan! Warum siehst du mich nicht an? Hast du Angst vor mir, Jochanaan, dass du mich nicht ansehen willst?
Und deine Zunge, die spricht kein Wort, Jochanaan, diese Scharlachnatter, die ihren Geifer gegen mich spie. Es ist seltsam, nicht? Wie kommt es, dass diese rote Natter sich nicht mehr rührt?
Du sprachst böse Wort gegen mich, gegen mich, Salome, die Tochter der Herodias, Prinzessin von Judäa. Nun wohl! Ich lebe noch, aber du bist tot, und dein Kopf, dein Kopf gehört mir! (...)
Ah! Ich habe deinen Mund geküsst, Jochanaan.
Ah! Ich habe ihn geküsst deinen Mund, es war ein bitterer Geschmack auf deinen Lippen.
Hat es nach Blut geschmeckt? Nein! Doch es schmeckte vielleicht nach Liebe ... Sie sagen, dass die Liebe bitter schmecke ...
Allein, was tut's? Was tut's? Ich habe deinen Mund geküsst, Jochanaan.
Ich habe ihn geküsst, deinen Mund.

Herodes (sich umwendend)

Man töte dieses Weib!

Die Soldaten stürzen sich auf Salome und begraben sie unter ihren Schilden.
Der Vorhang fällt schnell.

Salomes Verstrickung in das Begehren führt, zusammen mit der Perversion des ihr auferlegten Milieus, zu ihrem Tod, nachdem sie hatte töten müssen, was sie liebte. Das ist die eine Seite ihres Wesens. Die andere ist gleichzusetzen mit einer rauschhaften, unbewussten Hingabe an eine schicksalshafte Zerstörungswut. Strauss hat die Ereignisse um Salome und ihre Wesenszüge in eine transparent-flirrende, motivisch reiche Orchestersprache übersetzt. Um die Leuchtkraft der über 70 Leitmotive zu gewährleisten setzte er ein auf 106 Köpfe verteiltes Rieseninstrumentarium ein.

Nur mein fein differenziertes Orchester mit seiner „Nervenkontrapunktik“ konnte in der Schlussszene der Salome ... sich in Gebiete vorwagen, die nur der Musik zu erschließen vergönnt waren.

(Richard Strauss)

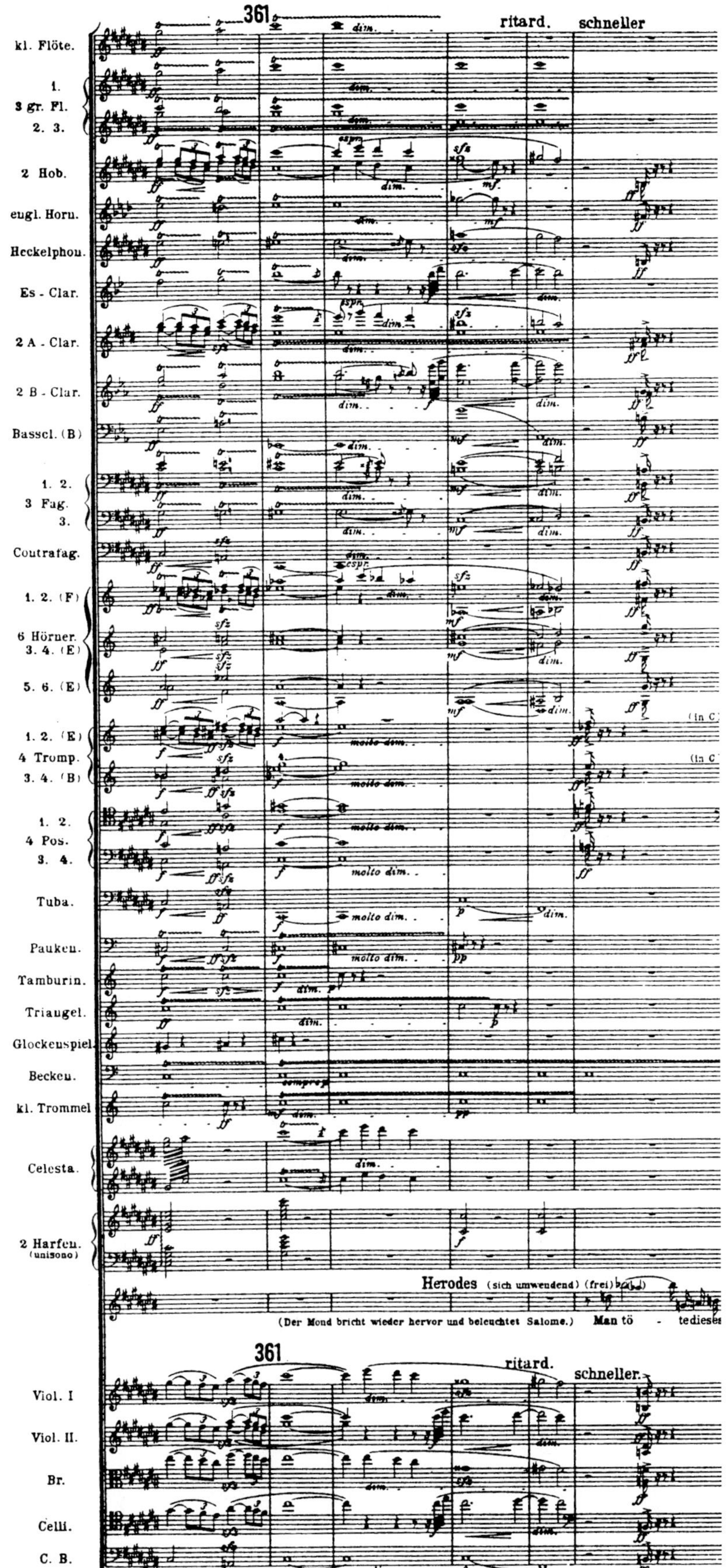

Richard Strauss: Salome. Musikdrama in einem Aufzug, Schlussteil. 1905.

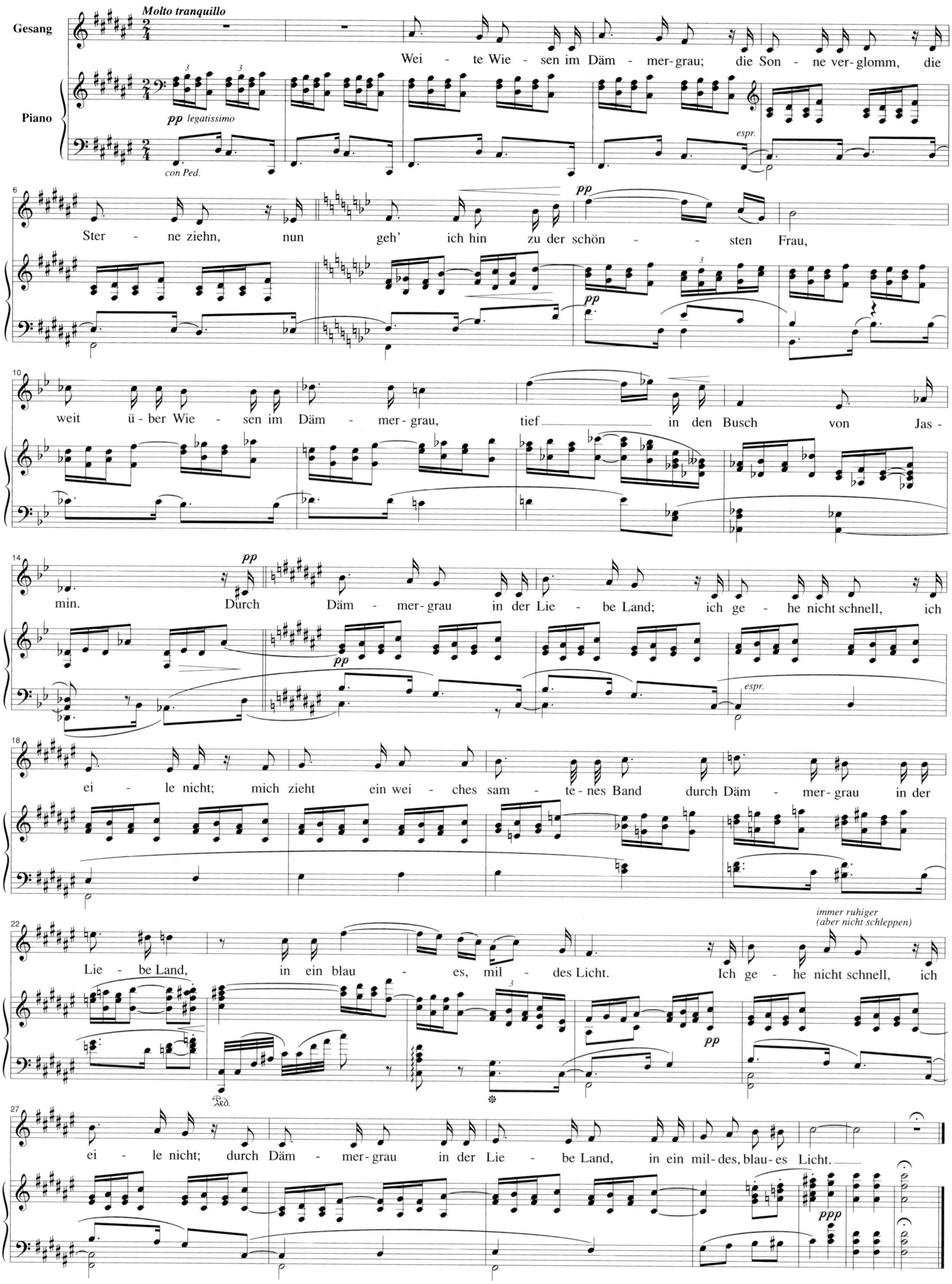
Molto tranquillo
Gesang
Piano
pp legatissimo
con Ped.
espr.
Wei - te Wie - sen im Däm - mer-grau; die Son - ne ver-glomm, die
Ster - ne ziehn, nun geh' ich hin zu der schön - - sten Frau,
pp
weit ü - ber Wie - sen im Däm - mer-grau, tief in den Busch von Jas -
min. Durch Däm - mer-grau in der Lie - be Land; ich ge - he nicht schnell, ich
ei - le nicht; mich zieht ein wei - ches sam - te-nes Band durch Däm - mer-grau in der
Lie - be Land, in ein blau - es, mil - des Licht. Ich ge - he nicht schnell, ich
immer ruhiger
(aber nicht schleppen)
ei - le nicht; durch Däm - mer-grau in der Lie - be Land, in ein mil-des, blau-es Licht.
ppp

Richard Strauss: Traum durch die Dämmerung, 1895.
Lied mit Klavierbegleitung, Op. 29, Nr. 1
Nach einem Gedicht von Otto Julius Bierbaum

Traum durch die Dämmerung

Weite Wiesen im Dämmergrau;
Die Sonne verglomm, die Sterne ziehn;
Nun geh ich zu der schönsten Frau
Weit über Wiesen im Dämmergrau,
Tief in den Busch von Jasmin.

Durch Dämmergrau in der Liebe Land;
Ich geh nicht schnell, ich eile nicht;
Mich zieht ein weiches, samtenes Band
Durch Dämmergrau in der Liebe Land,
In ein blaues, mildes Licht.

Otto Julius Bierbaum

Sehr häufig wurden Jugendstil-Gedichte von verschiedenen Komponisten vertont (vgl. auch S. 44/45). Besonders in den Klavierliedern lassen sich bestimmte Stilmerkmale ausmachen, die als „jugendstilistisch" gelten können.

In den Liedern betrifft ein spezifisch melodisches Charakteristikum meistens die Singstimme. Es ist der fallende melodische Duktus mit feierlichem, manchmal gehoben sakralem, bisweilen ekstatischem Ausdruck.

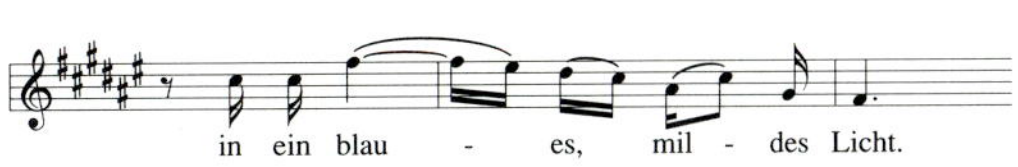

In Entsprechung zum Luxuriös-Dekorativen in Gegenstand, Wort und Bild des Jugendstils (vgl. S. 36 ff.) steht die prunkvolle harmonische Ausgestaltung der Musik. Chromatische Akkorde und chromatische Fortschreibungen, weniger von dramatischer Spannung als vielmehr von sinnlich-farbiger Wirkung geprägt, sind Merkmale der jugendstil-typischen Ausschmückung und Verwendung kostbaren Materials.

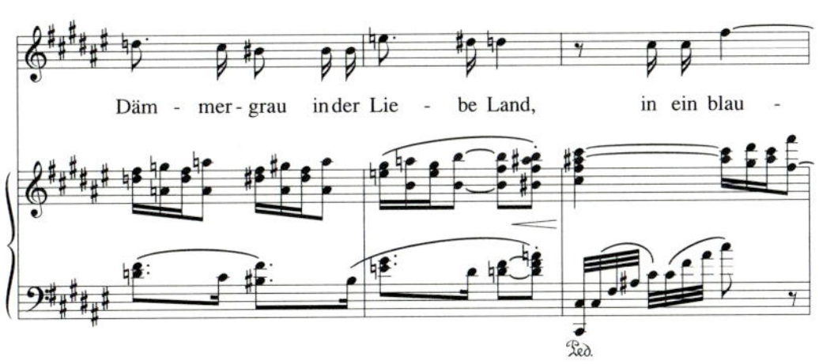

✓ Schreiben Sie alle Töne, die für die Dauer einer Viertelnote erklingen, als Akkorde übereinander und verfolgen Sie deren Entwicklung.

Die Vorliebe des Jugendstils zum Liniengeflecht, zu einer schwerelosen Bewegung ohne innere Statik und zum Imaginären findet in der Musik ihre Entsprechung unter anderem in der Harmonik. Beispielhaft dafür ist das sanfte Hinübergleiten von einer Tonart in die andere. Die Verwendung der Enharmonik ermöglicht ein fast unmerkliches Modulieren.

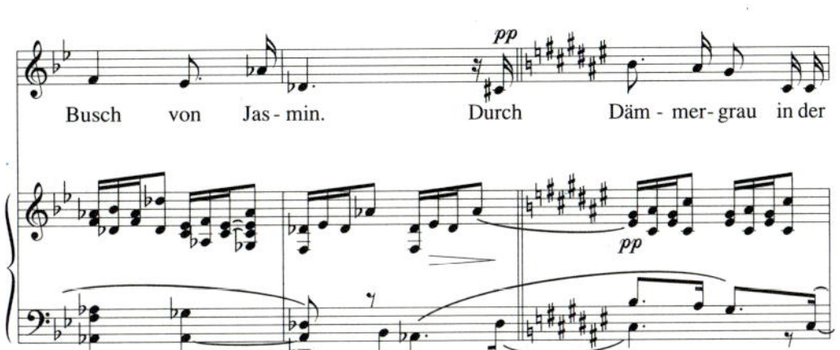

✓ Welche Tonarten trennt der Doppel-Taktstrich?
✓ Welche Töne werden enharmonisch gewechselt?

Der Jugendstil neigt in der Dichtung wie in den bildenden Künsten zu einer Darstellung fließender Bewegungen, die sich im Ornament widerspiegeln.
Ein musikalisches Ornament ist dem zeitlichen Fluss unterworfen. Umgekehrt könnte man auch sagen, der Fluss der Zeit ist im Ornament gebannt und vermittelt zugleich ein Gefühl der Zeitlosigkeit oder der zeitlichen Unendlichkeit.

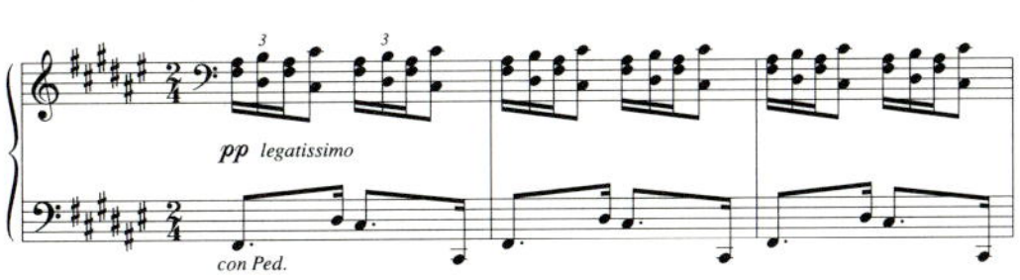

✓ Welche rhythmische Struktur weist die Grundfigur des Klaviers auf?
✓ Vergleichen Sie rechte und linke Hand.

Häufig erhalten ornamentale Bindungen, wenn sie einem Höhepunkt entgegenstreben, eine symbolische Bedeutsamkeit und bilden Eckpunkte, die als „Gebärden" zu verstehen sind.

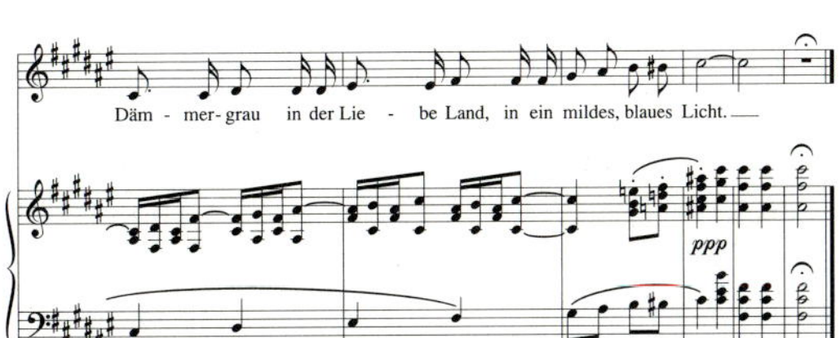

✓ Vergleichen Sie die Schlusswirkungen von Singstimme und Klavier.

Rainer Maria Rilke
(1857/Prag–1926/bei Montreux)
studierte Kunst- und Literaturwissenschaften in Prag, München und Berlin, danach freier Schriftsteller. 1900 in Worpswede.
Ab 1902 in Paris, dort 1905/06 Sekretär bei Auguste Rodin. Nach dem ersten Weltkrieg lebte und arbeitete er bis zu seinem Tod in der Schweiz.
Einer der bedeutendsten deutschen Lyriker der 1. Hälfte des 20. Jahrhunderts. Virtuose Sprach- und Formbeherrschung.

Wie viele Epochenbezeichnungen (z.B. „Impressionismus“) ist auch der Begriff „Jugendstil“ aus der Kunstgeschichte auf die Literatur, als eine Parallelerscheinung, übertragen worden. Die Vergleichbarkeit von Werken der Bildenden Kunst und der Literatur (hier vor allem der Lyrik, in der dieser Stil seine reinste Verwirklichung gefunden hat) besteht, formal gesehen, in einer *„Verselbstständigung der künstlerischen Mittel auf das Ornamentale“* (Hermand), auf die arabeskenhaft-bewegte, „reine“ Linie.

Nun fragt sich natürlich, ob sich bildnerische Stilelemente überhaupt auf die Literatur übertragen lassen. Denkt man z.B. an die „Tanz-und-Taumel-Gedichte“ des frühen Jugendstils (z.B. Bierbaum, vgl. S. 42/43) oder an die jedes Versmaß sprengenden Rhythmen vieler Gedichte, so könnte man sagen, dass hier tatsächlich eine Art schwingender Linie die Sprachkomposition kennzeichnet.

In der Buchkunst und in den Zeitschriften des Jugendstils bildeten Poesie und Bild, Text und Ornament eine ästhetische Einheit.
Die Bildelemente, Vignetten, Kopf- und Randleisten verbanden sich mit der Poesie im Sinne des „L'art pour l'art“ (Kunst um der Kunst willen) zu einer schönen künstlichen Welt, die mit der damaligen Alltagswirklichkeit wenig oder nichts zu tun hatte.

44.1 Josef Hoffmann: Illustration zu einem Gedicht von Rainer Maria Rilke. Aus: Ver sacrum, Wien 1896

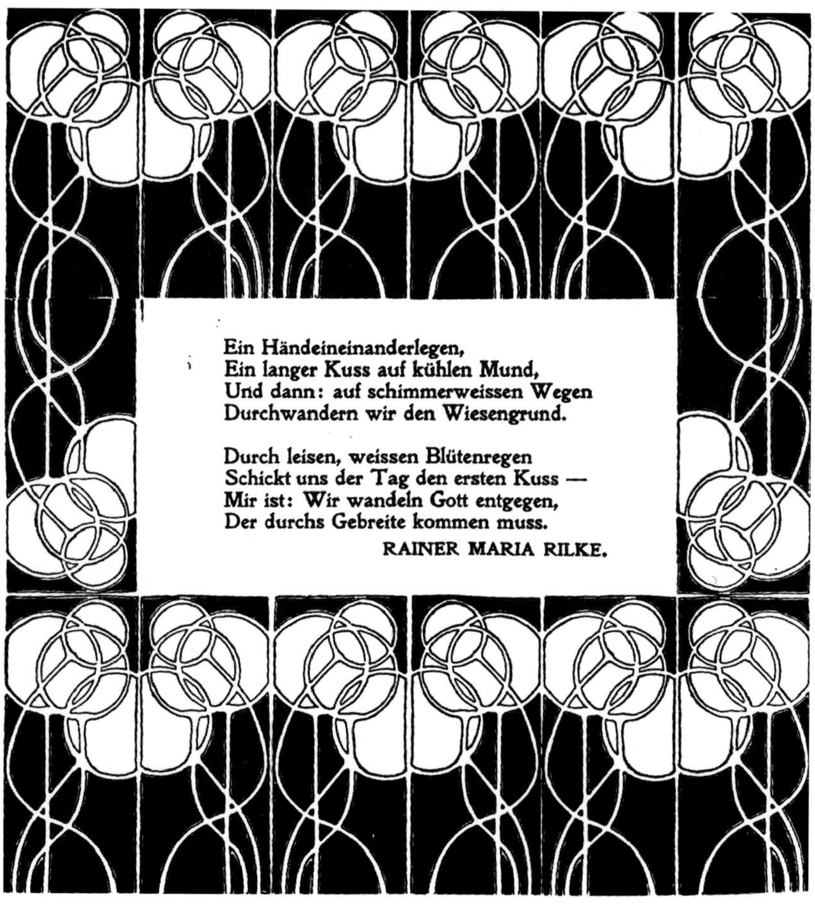

Salome

Tanz vor mir Kind! – da über die Felle.
Ich will es nicht hören – ich will es sehn,
wie vor den Augen mir Welle auf Welle
an Formen und Farben vorübergehn. –
Tanz vor mir! –
Hei!
beugen sich Linien, schmelzen und schwellen –
recken sich –
strecken sich –
reißen entzwei –
fassen sich –
küssen sich –
lassen sich –
hei!
Lass nur den Flor!
lass ihn nur fliegen
über die flatternden Haare empor.
Von deinem Nacken
bis unter die Lenden
wollen die rasenden Kreise sich packen –
biegen sich –
wiegen sich –
ohne zu enden –

Theodor Etzel (1873/Gelnhausen – 1930 Bad Aibling), Journalist und freier Schriftsteller, schrieb, angeregt durch Oscar Wildes Drama, 1901 dieses nach formalen und inhaltlichen Kriterien typische Jugendstil-Gedicht.

Richard Dehmels „farbengesättigtes“ Gedicht „Blick ins Licht“ zählt zum Jugendstil-Motivkreis „Weiher und Kahn“.

Blick ins Licht

Still von Baum zu Bäumen schaukeln
meinen Kahn die Uferwellen;
märchenblütenblau umgaukeln
meine Fahrt die Schilflibellen,
Schatten küssen den Boden der Flut.

Durch die dunkle Wölbung der Erlen
– welch ein funkelndes Verschwenden –
streut die Sonne mit goldenen Händen
silberne Perlen
in die smaragdenen Wirbel der Flut.

Durch die Flucht der Strahlen schweben
bang nach oben meine Träume,
wo die Bäume
ihre krausen Häupter heben
in des Himmels ruhige Flut.

Und in leichtem, lichtem Kreise
weht ein Blatt zu meinen Füßen
nieder; und des Friedens leise
weiße Taube seh ich grüßen,
fernher grüßen
meiner Seele dunkle Flut.

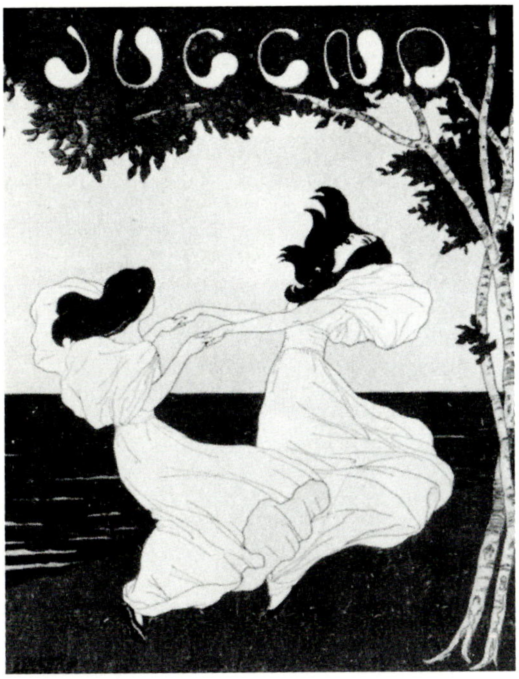

1

Wie Etzels „Salome" lässt sich auch Bierbaums Gedicht „Zu Flöten und Geigen" in seiner tänzerisch-bewegten, linearen Rhythmik dem Jugendstil-Motivkreis „Tanz und Taumel" zuordnen.

Zu Flöten und Geigen
Hin tanz ich im Reigen,
Habe Blumen im Haar.
O lasst euch bewegen,
Ihr Trüben und Trägen,
Im Tanze ist Segen,
Die Freude macht klar.

Auf, wagt es, zu springen!
Es muss euch gelingen,
Was fröhlich ihr schafft.
Das grämliche Hocken
Bringt alles ins Stocken.
Frei wehn meine Locken,
Die Freude macht Kraft.

Interessant, wenn auch gewagt, erscheint der von Horst Fritz (1969) unternommene Vergleich der Farbgebung in Malerei und Lyrik des Jugendstils: Hier wie dort verdichte sich der Tupfenstil des Impressionismus zu intensiven großen Farbflächen und: *„häufig verbindet Dehmel Farbworte mit Abstrakta oder mit unbestimmten und unplastischen Vorstellungen"*, wie märchenblütenblau, smaragdene Wirbel, purpursanfte Nächte, etc.
Die Dominanz des farbigen Dekors weise dem Farbträger eine sekundäre Rolle zu und fördere wie in der Malerei (z.B. bei Klimt) die Stilisierung und Abstraktion. Was den inhaltlichen Teil der Jugendstil-Lyrik anbetrifft, hat Jost Hermand in seiner Anthologie „Lyrik des Jugendstils" (1977) Themenkreise und Leitmotive der Jugendstilliteratur aufgeführt, z.B. „Tanz und Taumel", „Frühlingsgefühle", „künstliche Paradiese", „Weiher und Kahn" oder einfach nur „Schwäne".
Die kleine Bleistiftzeichnung Toorops (1858 – 1928) „Mädchen mit Schwänen am Weiher" (Bild 45.1) zeigt die Bildgegenstände *„in die schlangenhaft organischen Bildvorstellungen des Jugendstils getaucht"* (Hermand). Ein Mädchen mit langen, „schwimmenden Haaren" sitzt, in ein wallendes Gewand gehüllt, am Weiher. Die Schwäne, die Ringe im Wasser, der von der Blüte aufsteigende Duft, alles ist von einer *„erotischen Linienseligkeit"*, die nach heutiger Auffassung, ebenso wie **Richard Schaukals** Gedicht „Abend", schlicht als Kitsch bewertet werden könnte.

Abend
Weiße Schwäne senken ihre schmalen,
Schlanken Hälse in den schilfdurchragten,
Stillen, grünen Weiher, plätschern leise,
Ziehen weiter ihre stillen Kreise ...
An dem Arm des müden, hochbetagten
Schlossherrn, der den schlafgemiednen Qualen
Seiner kalten Nacht entgegenbangt,
Steht in leichten, weißen Spitzen
Die Gemahlin. Spielend langt
Sie nach den gewundnen Rebenranken ...
Ihre flügelstarken Flucht-Gedanken
Zittern vor den roten Lebensblitzen.

Richard Dehmel (1863 – 1920) und **Otto Julius Bierbaum** (1865 – 1910) gelten als die wesentlichen Schlüsselfiguren der Literatur des Jugendstils. Die erstaunliche Wirkungsbreite ihrer Gedichte findet ihren Niederschlag in vielen Vertonungen durch Komponisten wie Hans Pfitzner, Richard Strauss, Max Reger, Anton von Webern und Karol Szymanowsky.
Arnold Schönberg schrieb an Dehmel: *„Ihre Gedichte haben auf meine musikalische Entwicklung entscheidenden Einfluss ausgeübt. Durch Sie war ich zum erstenmal genötigt, einen neuen Ton in der Lyrik zu suchen."*
(Fritz 1969)

Bierbaum, seinerzeit ein erfolgreicher und vielgelesener Autor, hat sich als Mitarbeiter der Zeitschriften „Pan" und „Die Insel" vor allem auch um die Gestaltung der Buchkunst des Jugendstils und die Förderung des literarischen Kabaretts verdient gemacht.

✓ Nennen Sie einige Stilelemente der Lyrik des Jugendstils und belegen Sie Ihre Aussage am Beispiel der Gedichte.

✓ Untersuchen Sie die vorliegenden Jugendstil-Gedichte unter dem Gesichtspunkt vergleichbarer musikalischer Strukturen und Wirkungen.

✓ Vergleichen Sie die beiden Darstellungen „Der Kuss" von Gustav Klimt (Bild 38.3) und Peter Behrens (Bild 39.2).

✓ Versuchen Sie zu einem ausgewählten Gedicht eine Federzeichnung herzustellen, die sich an der Formensprache der Jugendstilgrafik orientiert.

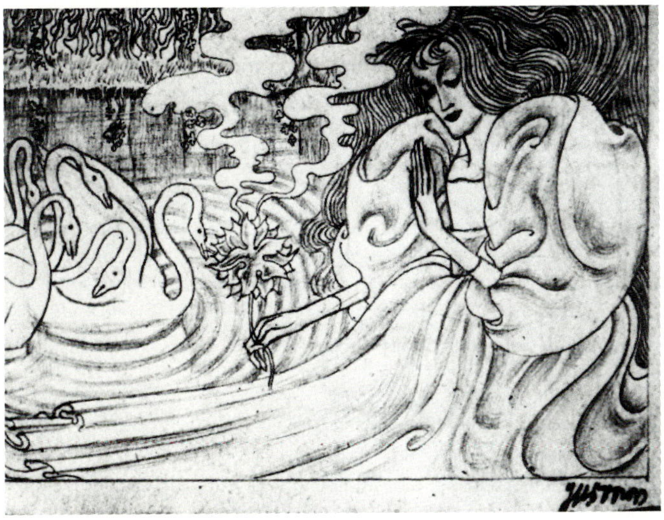

2

45.1 Ludwig von Zumbusch: Titelblatt für die Zeitschrift „Jugend", 1897

45.2 Jan Toorop: „Mädchen mit Schwänen am Weiher", 1892. Bleistiftzeichnung auf Papier, 6,7 x 9 cm. Privatbesitz

	Impressionismus			
	Malerei	Musik	Dichtung	Malerei
Künstler:	Monet, Renoir, Sisley, Degas, Pissarro, Morisot	Debussy; mit Einschränkungen: Ravel, Fauré, Dukas, Satie	(deutschsprachig) Liliencron, Holz, Schlaf, Bölsche, Dauthendey, Falke	Moreau, de Chavannes, Redon, Gauguin und die Nabis, Böcklin, Hodler, Munch, Segantini u.a.
Themen, Motive:	Städtische Szenen: Bahnhöfe, Boulevards, Brücken etc. („Gare St. Lazare", „Boulevard des Capucines"). Ländliche Szenen: Gärten, Flüsse, Seen, Meer, Felder, Wiesen Geselliges Leben Stillleben, Portraits	Elementare Vorgänge in der Natur, der erlebte Augenblick: „La mer" (das Meer), „Reflets dans l'eau" (Spiegelungen auf dem Wasser), „Nuages" (Wolken), „Brouillards" (Nebel)	Der erlebte, flüchtige Augenblick: Städtische und ländliche Szenen, Schilderung von Natureindrücken, geselliges Leben Stilllebenhafte Beschreibungen	Gegenbilder zur rational erfahrbaren Wirklichkeit, von geheimnisvoller und symbolischer Bedeutung. Nächtliche Szenen, Bereiche des Schlafs und des Traums, des Fantastischen, Magischen, Irrealen. Tod und Eros, mythologische Figuren (Böcklin), Allegorien
Künstlerische Mittel: Farbe	Gesamtfarbigkeit: Valeuristisch (tonwertig), pastellfarbig, reinbunte Farben mit Weiß gemischt, kein Schwarz, Schatten komplementär zum Beleuchtungslicht. Maltechnik: deckend bis pastos (Primamalerei), kommaartiger Farbauftrag und lebendiger Pinselduktus	Verselbstständigung des Einzelakkords zur Klangfarbe und Bildung von bewegten Klangfeldern und -flächen. Wellen- und kreisförmige Melodik; häufige Verwendung pentatonischer, kirchentonaler, chromatischer und ganztöniger Folgen	Farbenlyrik, Farbenspiel, Farbadjektive (oft substantiviert), Vokalharmonie, Onomatopoesie (lautmalerische Dichtung)	Kein einheitlicher Stil, keine typische Formensprache. Naturalistische bis abstrahierende Darstellungsweisen, Priorität der Farbe von bisweilen suggestiver Ausdruckskraft und synästhetischen Wirkungen, Licht und Farbe in oft unnatürlicher Weise eingesetzt.
Form	Auflösung der Konturen und Formen (Plein-air-Malerei, oft im Gegenlicht gemalt, daher mit „verschwommenem" Umriss). Formen ergeben sich aus der Summe von autonomen Farbpartikeln, nicht mehr aus linienbestimmten Umrissen wie z.B. in der tradierten akademischen Malerei	Thematische Gedanken werden nicht mehr durchgeführt, sondern erscheinen für Augenblicke in wechselnder Klangbeleuchtung. Parallelführung von terzgeschichteten Akkorden (Sept-Non-Akkorde), deren Leittöne nicht mehr aufgelöst werden. Verschleierung des periodischen Taktschemas	Sekundenstil, Wiedergabe flüchtiger Wahrnehmungs- und Erlebniskomplexe, Alliterationen, Syntagmen, Parataxe, Parallelismen, Zeilentechnik, Vermischung verschiedener Sprach- und Stilebenen (Hochsprache, Umgangssprache, Dialekt) Freie Rhythmen	Raum und Figur in manchmal unnatürlichen Proportionen miteinander verbunden; teilweise dekorative Formgebung
Komposition	Ausschnitthafte Wiedergabe, offene Komposition (eher nebensächlich)	Verzicht auf klassische Formvorlagen und scheinbar formlos	In der Regel: Verzicht auf klassische Vers- und Strophenform, offene Komposition	In der Regel strenge Komposition
Exotismen:	Japonismus (Einfluss des japanischen Farbholzschnittes auf die Malerei)	Javanische Gamelan-Musik, urtümlich pentatonische Wendungen, Oktav-Quint-Quartparallelen wie in der frühmittelalterlichen Mehrstimmigkeit. Vorliebe für sphärisch-helle wie für satt-samtige Klangfarben des Orchesters und des Klaviers	Phantasus-Thematik, Einflüsse indischer und chinesischer Literatur	Antikisierende und orientalische Motive, Mysterien und Traumwelten. Einflüsse alter, ozeanischer Religionen. Suche nach einer noch ursprünglichen Welt

Symbolismus		Jugendstil		
Musik	Dichtung	Malerei	Musik	Dichtung
Liszt, Wagner, Smetana, Mussorgskij, Grieg, Hallén, Delius, Rachmaninow, Reger, R. Strauss	Beaudelaire, Mallarmé, Rimbaud, Verlaine, Moréas, George und sein Kreis, mit Einschränkung auch Rilke, von Hofmannsthal u.a.	Klimt, von Hofmann, Behrens, Klinger, Toorop, Beardsley, Knopff, Vogeler, van de Velde, Munch, Hodler u.a.	R. Strauss, Mahler, Debussy, Skrijabin, Schreker, Elgar, Schönberg, Berg	Bierbaum, Dehmel, Altenberg, Hart, u.a., mit Einschränkung George, Rilke
Figuren und Vorbilder aus der (nationalen) Mythologie und Geschichte, Übernatürliches, Vorherbestimmtsein, Zauber und Wunder. Raum-Zeit-Durchdringung, Wechselbeziehungen von Bewusstem und Unbewusstem, Ahnungen, Erlösung, Liebesmahl, Verheißung	Themenwahl wendet sich gegen den naturwissenschaftlichen Positivismus der Zeit, gegen den Naturalismus und die Banalität des Wirklichen. Gestaltung fantastischer Visionen, geheimnisvoller, sinndunkler Gehalte. Beginn einer Ästhetik des „Hässlichen" („Les Fleurs du mal")	Figurenbild, Landschaft, Portrait. Eine Welt des schönen Scheins als Gegenwelt zur technischen, wirtschaftlichen und sozialen Realität der Zeit: florale Motive, das Knospende, Frühlingshafte. Kussszenen, beseelte Wesen wie Wassernixen, Tänzerinnen; Weiher, Park, Schwäne u.a.	Ekstase, feierliche Gelöstheit, sakrale Würde, Üppigkeit, elementare Naturallegorie, geheimnisvolles und unaufhaltsames Fließen der Zeit. Schönheit des Reinen und Reinheit des Schönen, flirrend vibrierendes Figurenspiel, Emporsteigen, Verwandlung, Apotheose	Themen gegen die hässliche Alltäglichkeit und Problematik naturalistischer Literatur („poésie pure"). Künstliche Paradiese: Inselträume, verzauberte Gärten, verwunschene Haine, Märchen, Tanz, Frühling und Jugend, Liebe und Kuss, Teich, Weiher, Schwäne etc.
Kurze Leitmotive und deren Metamorphosen, Ausdehnung des „sprechenden Orchesters", Einbeziehung von Melos, Rhythmik, Harmonik und Instrumentation in die Erfindung von Leitmotiven, großes Orchester, mächtige Steigerungen, raffinierte Modulationen	Synästhetische Darstellungsmittel: Klangmalerei (Assonanzen, Alliterationen, Reim- und Vokalhäufungen), suggestive Musikalität, irreale Farbgebung („schwarzer Mond")	Neben traditioneller Lokalfarbigkeit auch Entwicklungen zu einem Eigenwert der Farbe. Bei Klimt: Verwendung verschiedener farbiger Materialien	Pentatonik und Chromatik, enharmonische Verwandlungen, Arpeggios, Triller-Klangflächen, wellenförmige Melodiebildung, häufig fallender melodischer Duktus	Bevorzugung der Lyrik und der literarischen Kleinform. Musikalisch wirkende Assonanzen und Binnenreime, Onomatopoesie, Farbworte, geheimnisvolle Metaphern etc. Auflösung der Grenzen zu Musik, Malerei, Grafik. Synästhesien
Einsätzig in Übernahme bestehender Formen wie Sonatensatz, Rondo, Dacapo-Form	Entgliederung des Satzgefüges, Verzicht auf grammatikalische (syntaktische) Gesetze. Freier Vers („vers libre"). Rigoroser Stilisierungswille (z. B. bei George)	Weitgehender Verzicht auf illusionsräumliche und plastische Wirkungen zugunsten eines rhythmischem Linienflusses, Betonung des Ornamentalen (floreal, geometrisierend und abstrahierend)	Wiederholung gleichbleibender Figurationsmodelle (Ornamente bzw. Arabesken) Negation deutlich strukturierter Formen, Vorliebe für ziellose, in sich kreisende Bewegungen, Anfang und Ende verknüpfend	Formalistische, dekorative Gestaltungsweise: tänzerische Rhythmik Dithyrambisch-schwelgerische Verse, Perspektivenwechsel, Stilisierung und Abstraktion der Sprachgestaltung
Ständige Verwandlung und Durchdringung der Leitmotive als permanentes Variieren	Strenge, kunstvolle Komposition.	Dekorative, ornamentale Anordnung der Bildelemente, Symmetrien	Auflösung der Funktionsharmonik	An Linie und Ornament erinnernde Komposition
Zitate mittelalterlicher Choralmelodik Nachahmung urtümlicher oder fremdartiger Instrumental-Klänge	Mystische Meditationen, Offenbarungserlebnisse bis hin zu drogenbeeinflusster Wahrnehmung, das irdische Paradies. Magie, Alchimie, Okkultismen	Einflüsse des japanischen Farbholzschnittes: Ukyo-e-Stil des Hokusai und Hiroshige	Häufige Zweideutigkeit von Atmosphäre und Psychologie in orientalischer Landschaft Utopische Tendenzen als Opposition gegen die Mechanisierung wie gegen den Historismus	Hang zum Exotischen und zu mittelalterlichen Sagen Das irdische Paradies

4.1: AKG Berlin; 4.2: Keystone, Hamburg; 4.3: aus DIFF (Hrsg): Funkkolleg Jahrhundertwende, Heft 8, Weinheim/Basel 1988; 4.4: aus DIFF (Hrsg.): Funkkolleg Jahrhundertwende, Heft 1, Weinheim/Basel 1988; 4.5: bpk Berlin; 5.1: bpk Berlin; 5.2: AKG Berlin; 5.3: bpk, Berlin; 5.4: Historisches Museum, Hannover; 5.5: © VG Bild-Kunst, Bonn 1995; 5.6: Historisches Archiv Krupp, Essen; 6: Württ. Landesbibliothek, Stuttgart; 7.1: aus Pleticha, H. (Hrsg.): Deutsche Geschichte, Bd. 10, Gütersloh 1984; 7.2: Tate Gallery, London; 8.1: artothek, Peissenberg; 8.2: Musée Fabre, Montpellier/F. Jaulmes; 10 (Porträt Monet): aus Gordon, R./Forge, A.: Monet, Dumont 1985; 10.1: artothek/Peter Willi, Peissenberg; 11.1: Henry B. Beville, Alexandria, Va.; 11.2: Foto: Skira S. A., Genf; 12: artothek, Peissenberg; 13.1: Courtesy of the Fogg Art Museum, Harvard Univ. Art Museum, Bequest-Collection of Maurice Wertheim, Class of 1906, Cambridge/Mass.; 13.2: U. Hamm, Stuttgart; 14 (Porträt Liliencron): bpk Berlin; 15.1: RMN Paris, Musée d'Orsay; 15.2: Museum of Fine Arts, Boston; 16: AKG, Berlin; 18 (Porträt Debussy): AKG Berlin; 18.1 aus: Collaer, P.: Musikgeschichte in Bildern, Bd. 1, VEB Dt. Verlag für Musik, Leipzig 1979 (heute Bärenreiter, Basel); 19: National Gallery of Art, Washington; 21.1: Musée d'Orsay, Paris; 22.1: RMN Paris, Musée d'Orsay; 22.2: artothek/Westermann, Peissenberg; 23: Giraudon, Paris; 24 u. 25: Kunstmuseum Basel/M. Bühler, Basel; 26.1: bpk Berlin/Nationalgalerie Berlin/J.P. Anders; 26.2: artothek, Peissenberg, © VG Bild-Kunst, Bonn 1995; 27: Bayreuther Festspiele GmbH/S. Lauterwasser; 28: Museum der Bildenden Künste, Leipzig; 29 (Porträt Rachmaninow): AKG Berlin; 29.1: Stadtmuseum, Weiden; 33: Max Reger Institut, Bonn/Willy von Beckerath-Erben, München; 36.1: Bildarchiv Foto Marburg; 36.2: aus art. Das Kunstmagazin, H. 11/1992; 36.3: artothek/Blauel, Peissenberg; 37.1: aus Nerdinger, W.: Perspektiven der Kunst, München 1990; 37.2: AKG, Berlin; 38 (Porträt Klimt): AKG, Berlin; 38.1: Harvard University Art Museums, Cambridge, Mass.; 38.2: Museum of Modern Art, N.Y.; 38.3: artothek, Peissenberg; 39.1: artothek/Blauel,Peissenberg; 39.2: artothek/Blauel, © VG Bild-Kunst, Bonn 1995; 40 (Porträt Strauss): AKG, Berlin; 40.1: Editions d'Art Albert Skira S.A., Genf; aus Delevoy, R.: Der Symbolismus in Wort und Bild, Skira/Klett-Cotta, Genf 1979; 40.2: Hessisches Landesmuseum, Darmstadt; 44: AKG, Berlin; 45.1: Universitätsbibliothek Tübingen; 45.2: Oldenbourg, München

Blunden, M. (Hrsg.): Der Impressionismus in Wort und Bild, Genf 1975
DIFF (Hrsg.): Funkkolleg Jahrhundertwende 1880 bis 1930. Die Entstehung der modernen Gesellschaft, Weinheim/Basel 1988
Hauser, A.: Sozialgeschichte der Kunst und Literatur, Beck'sche Verlagsbuchhandlung, München 1972
Albrecht, M.: Impressionismus. In: Musik in Geschichte und Gegenwart, Kassel/Basel 1963
Daube, O.: Die Wege zur neuen Musik, Heft 1: Die Kunstwerke, Dortmund 1955
Jakobik, A.: Claude Debussy, Würzburg 1977
Raeburn/Kendall (Hrsg.): Geschichte der Musik, Bd. IV: Das 20. Jahrhundert, München 1993
Strobel, H.: Claude Debussy. Atlantis, Zürich 1940
Vallas, L.: Debussy und seine Zeit, München 1961
Marhold H. (Hrsg.): Gedichte und Prosa des Impressionismus, Reclam, Stuttgart 1991

Delevoy, R.: Der Symbolismus in Wort und Bild, Skira, Genf 1979
Hofstätter, H.: Die Bildwelt der symbolistischen Malerei. In: Symbolismus in Europa. Ausstellungskatalog, Kunsthalle Baden-Baden 1975
Meyer, F.: Böcklin in der Sammlung des Kunstmuseums Basel. In: Arnold Böcklin, Katalog Kunstmuseum Basel, Basel 1977
Mutzenbecher, W.: Basler Künstler über Böcklin. In: Arnold Böcklin, a.a.O.
Nemeczek, A.: Abschied vom Traum einer heilen Welt. In: art. das Kunstmagazin, H. 7, Hambg. 1994
Simmel, G.: Böcklins Landschaften. In: Zur Philosophie der Kunst, Potsdam 1922
Zelger, F.: Arnold Böcklin. Die Toteninsel, Frankfurt/Main, 1991
Biesold, M.: Sergej Rachmaninow, 1873-1943. Zwischen Moskau und New York, Weinheim 1991
de la Motte-Haber, H.: Musik und bildende Kunst. Von der Tonmalerei zur Klangskulptur, Wiesbaden 1990
Wetzel, Ch.: Der französische Symbolismus und Richard Wagner, In: Kulturspiegel des 20. Jahrhunderts, Stuttgart 1987
Meier, N.: Böcklin-Gesänge. In: Arnold Böcklin, a.a.O.
Starkie, E.: Das Leben des Arthur Rimbaud, München 1990

Sterner, G.: Jugendstil – Art Déco. Malerei und Grafik, Heyne München 1981
Hollander, H.: Musik und Jugendstil, Zürich 1975
Lienenlüke, U.: Lieder von Richard Strauss nach zeitgenössischer Lyrik, Regensburg 1976
Stenzl, J.: Art nouveau, Jugendstil und Musik
Hermand, J. (Hrsg.): Lyrik des Jugendstils. Eine Anthologie, Reclam, Stuttgart 1990
Fritz, H.: Literarischer Jugendstil und Expressionismus, Stuttgart 1969
Hofmann, F./Rösch, H.: Grundlagen, Stile, Gestalten der deutschen Literatur, Frankfurt/M., 1972